学校教育が
ガラッと変わるから、
親が知るべき
今から始める
子どもの学び

山口たく

JN164674

Fumeisha
風鳴舎

はじめに

私はこの本を、とある外国の自室で書いています。

一歩家から出て街に出れば、そこは肌の色も目の色も、そして言葉も違う人々が行き交っています。毎週開かれる地元のマーケットでは、世界各国の食材や商品が、その国出身の人々によって売られ、盛況です。

私の娘たちが通う学校の30人ほどのクラスには、時に20を超える国の子どもたちが当たり前のように集まります。ロシア人、ウクライナ人、ブルガリア人、トルコ人、中国人、韓国人、インド人、カナダ人、イギリス人、そしてアメリカ人…といった個性豊かな友人関係の中では、国籍は全く関係なし。一時帰国した時に買って来た母国のお土産で盛り上がったり、スクールパーティーで自国のドレスを着ていって写真を取り合って騒いだり…。時には喧嘩をしながらも、英語を使って毎日楽しく過ごしています。

私が仕事で利用するバスの中も、いつも外国語の教室のよう。四方から英語、中国語、ロシア語といった外国の言葉が聞こえてくることも珍しくありません。現地の会社に電話をすれば、聞こえてくる英語の訛りも毎回違います。

日本でもグローバル化という言葉はごく当たり前に使われるようになっていますが、こちらでは「グローバル」はすでに日常の中にあります。

今後ますます進んでいくであろうグローバル化が日本の社会をさらに変えていく中で、これからの未来を生きる子どもたちにどのような力が必要とされるのか。その具体的なイメージをなかなか持てない方も多いのではないでしょうか。

この本では私が日々体感しているグローバル社会での生活や、自分の子どもや指導している子どもたちの学校生活を通して、どんな力が未来の子どもたちに有効なのかをお伝えしていこうと思います。

かつて私は名門進学教室で御三家中受験を指導する塾講師でした。受験の最前線で指導を続けていた私は、その指導の最中に受験システムの限界に気づき始め、不透明な未来を生きる我が子に与える教育を探し始めました。しかし国内にその教育を見いだすことができず、結局海を渡る決断をせざるを得ませんでした。

あれから10年近くが経ち、今日本ではついに、あの頃私が求めていた教育が始まろうとしています。私のように海を渡らずとも、世界が進めている未来型教育を受けるチャンスが、日本にはやってこようとしているのです。

しかしその変化はまだ、多くの方には正しく認識されていないと感じています。キーワードだけが一人歩きし、その教育の内容を正しく理解している人はまだまだ少ないのが現状です。

私はこの本を通して、新しく始まる教育が具体的に何を子どもにもたらすのか。そしてその教育を通じて、親である私たちは子どもにどんな力を授けていくべきなのかについて、わかりやすく説明していきます。

私が住む海外では、これから日本で始まる教育が長い間行われてきて、すっかり根付きつつあります。その中で子どもを育て、その教育を受けた子どもたちを指導する中で学んだことを通し、未来の子ども達に親としてどうしていくべきかのノウハウをお伝えしていくつもりです。

私はこの本を、大きな教育改革の真只中で道を探している、全てのお父さん、お母さんに宛てて書きました。

今目の前にあるのは、お子さんにとって空前のチャンスです。そしてこの本を手に取られたあなたは、そのチャンスを引き寄せる具体的な方法を見つけることができるはずです。

さあ、大きく変化する教育の波に乗って、あなたのお子さんが未来に大きく羽ばたいていける方法を、一緒に探していきましょう。

目次

第3章　2020年以降の教育と広がる選択肢 ―― 123

第4章 家庭でできる『7つの未来型スキル』育成メソッド——187

第1章

21世紀、
これからの
受験との
付き合い方

1 塾講師から見た受験

私が塾講師をしていた10年くらい前にも、受験というものには賛否ありました。競争至上主義、詰め込み、暗記型学習…といった批判的意見もありました。

確かに日本の受験はある種「特殊な世界」であることは事実です。そしてその世界に身を置く子ども達にとって、過酷な環境であることも確か。にもかかわらず、多くの批判がありながら、受験は長きに渡って日本教育の中心にあり続けました。それはなぜなのでしょうか。

受験には多くの負の部分があります。しかし一方で日本社会そのものが、受験で勝ち抜いた人材を求め続けてきたのです。確かに社会では、学歴と仕事の出来に相関関係が見られる場合もあります。もちろん例外もありますが、少なくとも学歴はこれまで日本社会にとって、仕事の力を図る一つの尺度となり得たのです。

また、受験を通して培われる力というものも、確かにありますし、過酷な競争の中で精神的に成長してきた生徒もこれまでたくさん見てきました。

こうして受験を俯瞰してみると、受験そのものに問題があるのではなく、その利用の仕方にこそ問題があるということが見えてきます。つまり受験の性質を知り、子どもにとってのマイナス面に配慮して取り組めれば、受験を通じた成長も十分可能だということです。

しかし実際にはそのように上手に受験を活用できているご家庭は、少数派と言わざるを得ないというのが、これまでの私の指導経験からの素直な感想です。はじめは受験と適度な距離を保ちながら取り組んでいても、受験勉強が長期化するうちに、次第に受験に取り込まれ、その距離感を見失ってくるのです。

まずは私がこれまで指導してきた生徒の中から、受験を通して成長した生徒、そして受験を通して傷を負った生徒をご紹介します。彼らのストーリーを通して、受験のメリットデメリットを一緒に見ていくことにしましょう。

2 忘れられない生徒たち

揺らがぬ意志で御三家中に合格を果たしたM君

受験を通して一番印象に残っている生徒といえばM君です。彼は二年間弱、私が担当した生徒です。その成長の様子は今でもはっきり覚えています。

M君のご家庭はご両親とも高校卒。苦労されて働かれ、3人の子どもを育てていました。その中でもたった一人の男の子だったM君には、特に大きな期待をかけていたようです。ご両親の愛情に包まれて育ったM君は、いつも前向きで挑戦をするのが大好きな少年でした。

初めて私が彼に会ったのは、彼が小5の夏休み。7月の模試の後、標準クラスから私の担当するトップクラスに上がってきた時。第一印象はにこやかで、どちらかというとおとなしい生徒に見えました。成績はギリギリなんとかトップクラスに入れるレベル。初めは授業についてこられるか不安もありました。というのもその年はクラスのレベルが非常に高く、自クラスの75％の生徒が全国模試でトップ50に入るほどだったからです。

クラスでの授業が始まると、序盤は予想通り苦戦しました。標準クラスとは内容もペースも全く違う授業。授業レベルをクラスの中央値に合わせる他クラスとは異なり、トップクラスはクラスのトップに合わせて進めていきます。成績を上げてついてこられないなら脱落。「まさにアップorアウト」のシビアな世界がそこにはあるのです。

当初、私は、数カ月でM君は脱落するだろうと思っていました。というのも彼には飛び抜けた得意科目がある訳でもなく、キラリと光るものも持っているようには見えなかったからです。

しかし、彼の成績は大きく上がることはなかったものの、逆に急落することもなく推移しました。この間、彼はしっかり課題をこなす傍ら、幼少の頃から続けてきたボーイスカウトの練習にも欠かさず参加していました。のちに知ったのですが、そこで学んだ時間管理や、困難に立ち向かう心が、彼の受験を支えていたのでした。

その後小6に上がり、本格的な受験学習がスタートした時、彼は私のところに来て御三家中を受験したいと告げました。当時の彼の成績ではとても届かない志望校。私は正直に、今のままでは合格の可能性は非常に低いことを告げました。

しかし彼は私にこう言いました「どうしても自分の実力を試してみたい。自分の全力を出し切っても、本当に届かないかどうかを知りたい」と。その彼の目には、強い意志の光が浮かんでいました。

自分の力を知りたいから御三家中を受験するという生徒を、それまで私は知りませんでした。ご両親にもその話をすると、息子が挑戦するなら自分たちも支えたいとおっしゃいました。

あまり経済的に余裕があるわけではなかったM君のご家庭では、夏休みや秋口以降の様々な単科講座を満足に取ることもままならなかったのですが、M君はそのハンデを徹底した情報管理と質問で克服しました。夏休みにみんなが単科授業を受けている間、彼は黙々と廊下の机で自習をし、私が授業を終えて出てくると、たくさんの質問を持って待っていました。

徐々に成績は上がっていったものの、結局偏差値は合格圏まで5以上も下のまま受験を迎えました。始まった滑り止めの学校の結果は想像以上に悪く、御三家中合格の試金石になる地域重点校の入試はことごとく不合格。私も、そして両親でさえも、御三家中ではなく2月1日は別の学校を勧めました。しかし彼の意思は固く、入試の結果が悪かった一月以降も黙々と学習を続け、ついに御三家中の入試を迎えたのです。

合格発表の日、私は掲示板の前で発表の2時間も前から待っていました。そして張り出された掲示板の中に、彼の番号を見つけた時は、思わず泣いてしまいました。

そんな私の前に来て、深く頭を下げたM君はポツリとこう言いました。「僕でもやればできる。ボーイスカウトで教わった通り、諦めなければ道は開けるって本当だったんだ」。

両親に強く抱きしめられながら、照れ臭そうに笑ったM君の笑顔は、今もなお脳裏にくっきりと焼きついています。そしてこの体験がその後、人生では能力よりも努力こそが、道を切り開いていくのだという信念を私にも与えてくれたのです。

周囲の期待に応えられず、自己嫌悪に陥ったまま卒業したK君

前述したM君が受験を通して成長することができたのと反対に、受験がマイナスに働いてしまった生徒たちのこともお話させていただこうと思います。

K君を指導したのは、受験学年の1年間のみです。拠点教室の最上位クラスを担当していた時、隣の教室から私のクラスに移動してきました。

彼は前教室で期待を一身に背負うほど優秀な成績で、引き継ぎ書にはトップ校合格は間違いない逸材と記載されていたのを覚えています。しかし実際に指導を始めると、その成績の陰に大きな落とし穴があることに気づくのに、時間はかかりませんでした。

初日、自信満々でクラスの席に座ったK君でしたが、その顔は授業開始から5分も経たないうちに暗く沈んでいきました。新しく変わったトップクラス専用教材と、授業内で繰り広げられる質疑応答に全くついてこられなかったのです。私の悪い予感は的中しました。

そして迎えた次の模擬試験で、彼の成績は急落。偏差値も10近く下落しました。担当していた私たち講師にはある程度予測できた下落でしたが、その落ち幅は想像をはるかに上回るものだったというのが当時の正直な感想です。

彼がそれまで好成績を取ってきた小5の模試は、すべて範囲のあるテストでした。特に直前に習った内容の定着を図る「確認問題」も多く、中学でいう定期テストのような性質が多分にありました。そのため、授業をしっかり聞き、きちんと復習をしていれば、好成績が取りやすい問題だったのです。そして標準クラスではそうしたテストできちんと点が取れるように、テストに向けてポイントを丁寧に説明していたのです。

一方でトップクラスはそうした模試対策はもっぱら生徒の自己責任。授業ではトップ校入試にターゲットを絞り、初見問題を解くための訓練がメインとなっていきます。つまり習った内容を自分で咀嚼し、必要な模試対策を自分でして成績を維持できることは前提条件で、その上で授業で教わる内容をも身につける力がトップクラスの生徒には求められたのです。

しかしその前提をK君のご両親、特にお父様には理解してもらえませんでした。答案返却の当日、激しい口調でお叱りのお電話を頂いたのです。お父様としては、トップクラスの授業が悪いから成績が下がったと思われたのです。

私は標準クラスとトップクラスの授業方法の違いを説明しましたが、なかなか納得していただけませんでした。そこで一旦クラスを元の標準クラスに戻して、これまで通り授業で基礎をカバーしながら、志望校対策の授業だけをオプションで取る方法をご提案しました。しかしお父様はそのトップ校合格にはトップクラスに入ることが必須だとおっしゃって引かれず、必要偏差値は家庭教師をつけて確保すると言われたのです。

K君はとてもマイペースで、素直なお子さんでした。そんな彼にとっては、標準クラスで一番をキープしていた方が、自信もつくし、基礎力も身につくことは分かっていたのです。ただ当時の私はまだ30台前半。50歳を超え、大手企業の役員をされていた人生経験がはるかに豊富なお父様から見れば、若輩者の意見など取るに足りないものだったのかもしれません。何度お話ししてもご納得いただけないまま月日だけが過ぎ、そのまま受験に突入することになってしまいました。

この間、K君の成績は低空飛行を続け、クラスではいつもオドオドして発言もせず、うつむいて授業を受ける日々が続きました。そして受験では志望校に合格できなかったばかりか、滑り止めの安全校だった一校を除き、全て不合格という最悪の結果に終わりました。

そんな彼が受験終了後、お父様に連れられて教室まで挨拶に来ました。授業中と同じようにうつむいたままやって来た彼は、ゆっくりと顔を上げてこういったのです。

「僕がバカだったから、受験に合格できなくてごめんなさい。」

目にいっぱい涙をためながら、絞り出すように放たれた一言。その瞬間、頭が真っ白になったのを、今でもよく覚えています。私は彼を抱きしめたくなる衝動を抑えながら、「そんなことないよ」と言うのが精一杯、必死に溢れそうになる涙をこらえていました。

彼がこの受験で得たものは何だったのでしょうか。わずか12歳の少年が、まるで人生に失敗したような挫折を味わい、その一翼を自分も担ってしまったという罪悪感…。受験というものの現実と、塾講師としての無力感を痛感させられた出来事でした。

医学部合格で途方にくれたH君

もう一人、私が指導した中で最も優秀だった生徒の一人、H君の話です。

小学校6年生の時指導したH君は、御三家中の一つに合格。進学後も常にトップクラスの成績をキープし、最難関国立大の医学部に現役合格しました。

とても温厚でまじめ。言われたことを正確にこなし、高い集中力を持ったH君は、教えれば教えるほど伸びる、教師にとっては理想の生徒でした。

そんな彼が医学部合格の朗報を持って、私を訪ねて塾まで訪れてくれたのは、卒業以来6年ぶりのことでした。御三家から最難関国立大医学部に現役合格。自分の教え子の成功は、我がことのように誇らしく、嬉しい知らせです。

「先生、H君がきましたよ。でも…彼、何かあったんですか」

いつものように仕事をしている私に、かつての彼をよく知る受付スタッフが言いました。その声にふと顔を上げると、やや離れたところにあるカウンター越しに全く笑顔のないH君の姿が目に入りました。

小柄だった体は、スポーツで鍛えてたくましくなりつつも、あの頃の温厚な雰囲気はそのまま。しかしまるで大きな失敗をしたようなH君の暗い雰囲気に、受付全体が沈んでいくのが分かりました。

授業開始まではしばらく時間があったので、空いた教室に案内して、合格をねぎらった後、元気がないことを聞いてみました。すると彼はぽつりと一言、こう言ったのです。

「先生、これから僕はどうしたらいいですか。」

彼の一言に、私は愕然としました。途方にくれる生徒の前で言葉を失った私に、彼はゆっくりこう続けました。

小さいときから両親に言われたことをすれば、失敗なくやってこられた。中学受験も言われるがまま塾に通い、出された課題をこなせば成功できた。医師になることも、大学病院で教授を務める父を見て、何となく目指してきただけ。

でも実際に合格し、これからは医師になって一生生きていくことになる。そう分かったら、急にこれからの人生が分からなくなった。自分は何か大切なものを失ってしまったような気がする。自分には、自分で選んだものが何もないから…。

独り言のように呟いた後、彼は再び口をつぐみました。その彼の目からは、一筋の涙が流れ落ちました。

この時私は自分が続けてきた受験指導に、初めて真剣に疑問を持った気がします。十分な言葉もかけてやれないまま去っていった彼の後姿は今も忘れられません。

3 受験することのメリット

それではここから簡単に、受験のメリットを考えてみましょう。受験で得られるメリットには大きく分けて5つあります。

1つ目は、『正しいワークサイクルを身につけられる』という点です。明確に目標を設定し、「**P**lan（学習計画）→**D**o（実行）→**C**heck（チェックと計画修正）→**A**ction（振り返り）」サイクルを繰り返しながら行動していく習慣がついていきます。

2つ目は、『時間管理能力が身につく』点です。いうまでもなく時間管理は重要なライフスキルであり、多忙な中、時間をやりくりしていく中で、時間の有効な使い方を学んで行くことができます。

3つ目は、『基礎知識が身につけやすい』という点です。短期間で包括的な学習が要求される受験では、様々な基礎知識が定着しやすくなります。もちろん丸暗記などの誤った学習では、試験終了後に失われる恐れもありますが。

4つ目は、『論理的思考力を身につけられる』という点です。算数の学習を通じてはもちろんのこと、国語でも筆者の主張を整理して読み取ったり、要約を行ったりする学習をする中で、筋道を立てて物事を考えるスキルが伸びていきます。

最後は、『共に同じ目標に向かって進んで行く貴重な仲間を得られる』という点です。ライバル同士でありながらも、同じ教室で長い時間を共にする中で、固い友情や絆が生まれてきます。そうした友人は入試後も長く、連絡を取り合う友人になり得るでしょう。

ただし、以上のようなメリットを享受するためには、2つの重要な要素が条件となります。それは適切な環境と講師の元で学ぶこと、そして子ども自身が自主的に受験に取り組むということです。ここではあまり深く説明はしませんが、こうした条件をしっかり満たさないまま受験に挑むと、子どもが親や先生の指示に従って勉強を「やらされているだけ」の受動的学習になり、子どもの学習意欲や自己肯定感にマイナスの影響を及ぼすこともあるので注意が必要です。この点を踏まえ、次のページからは受験のデメリットについて説明したいと思います。

4 受験のデメリット

受験のデメリットはいろいろありますが、ここでは私の指導経験の中から最も影響力の大きいものを4つだけ厳選してお話ししましょう。

1つ目のデメリットは、子どもの精神に与える影響です。この点は親が最大限、配慮しなければいけません。確かに受験で精神的に成長できる子も少なからずいます。しかし先にお話ししたK君のように心に深い傷を残し、自分を信じることができなくなることもあり得ることを忘れてはいけません。結果、自己肯定感が下がり、新しいことに挑戦することを恐れるようになることもあるのです。また、学習意欲が低下し、将来への希望が持ちにくくなってしまった生徒も過去にいました。

2つ目は、すべての問いには常に一つの正解があると思い込むようになるということです。これは今後の入試制度を考えると非常にリスキーです。塾でもよく「先生、結局答えはなんですか?」と聞く生徒がいましたが、これでは結果（答え）さえ出せれば過程はどうでもいいという発想を持ちかねません。一度社会に出てしまえばどこにも正解などなく、答えは自分で探さなければいけませんから、意識してこの傾向を避ける努力が必要です。

3つ目は成績向上だけを目指し、徹底した効率・要領重視になる点です。効率を考えることはもちろん大切ですが、一方で効率だけを追求すると考えに幅がなくなり、視野も狭くなり、頭も硬くなっていきます。結果、逆に成績が伸び悩むという皮肉な結果をたどることも少なくありません。多少効率が悪くても、自分の頭で考える習慣をつけることが、遠回りに見えて実は、成績向上の最短路だと私は思っています。

4つ目は試験に出ないものには興味を持ちにくくなるということです。あまりにも覚えることが多いので、どうしても試験に出るものだけを覚える傾向があるのは確かです。しかし後で詳しく述べますが、これからの入試では幅広い興味を持った生徒に有利となる試験に変わっていきます。このデメリットを避けなければ合格も遠ざかります。

このように、受験には大きなマイナス面もあります。それをどう回避していくかが、受験に取り組む上で一番重要な課題でしょう。

5 中学受験は万人向けではない

中学受験は早熟な子にしか向かない

塾で指導をしている時、よく保護者の方にお話していたことがあります。それは中学受験に合格するための重要な要素として、「大人度」が必要ということ。これは生活面と学習面の双方において言えることです。

生活面においては、先ほどもお話したようにしっかりとした時間管理ができることが必須です。もちろん親や先生の指示にしたがって行うケースも少なくありませんが（これは受動的になるリスクがあるのですが）、結局やるのは自分ですから、ゲームをしたり漫画を読んだり、友達と遊んだりといった誘惑に負けずに、今必要な学習時間を作っていくという点では、指示にしたがっているのであっても多少の時間管理能力は必須と言えるでしょう。

また健康管理も実力のうちです。受験は長丁場の勝負。そこで日々、自分の体調を良い状態に保てることがとても大切です。受験塾に入れば、一週間体調を崩して休んだら、その間に授業は大幅に進んでしまい、取り返すのは決して容易ではありません。これが入試直前ならなおさらのこと。それでなくとも気温が下がり、インフルエンザなどが流行りやすい冬季中なのですから、親に言われなくても自分でうがいなどの予防をしたり、少しでも抵抗力が上がる栄養価の高い食べ物を食べるなどの工夫をしたりできるスキルは必要不可欠です。

一方、学力面でも大人度は要求されています。社会科で出題される記述型の問題では、社会全体に対する幅広い知識が必要な問題が出題されます。その問題に対応するには、単に塾の授業だけで知識をつけていては不十分。普段から興味を持ってニュースや新聞の情報に接する態度が要求されます。また国語の文章問題では、精神年齢の高い子でないと心情が読み取れない問題も少なくありません。「離婚」などの話題が出題されることもあります。

精神的にも、自分の実力を客観的に見つめ、周囲に振り回されることなく、今自分がすべきことを淡々と実施していく精神力も必要です。このように考えると、自立した「早熟」な子でないと、中学受験には向かないことが見えてくるのではないでしょうか。

小学生は、知識を増やすより経験を積むことが大切

これから始まる新しい教育では、知識の「活用力」が非常に重要になってきます。人工知能（AI）の進化と共に、知識はAIから受け取り、それをどう活用するかが問われる時代になっていくからです。

では、「知識の活用力」はどうやったらつくのでしょうか。ここで具体例をあげて考えてみましょう。

欧米ではこの「知識の活用力」育成を教育で重視していますが、私の子どもも小学校4年生の作文の時間に「地球は何人の人間まで支えられるか」というテーマを選んでエッセイを書きました。この話をすると小4でそんな難しいことが書けるのかと思われがちですが、ここで求められているのは自分の生活から想像を膨らませながら、「子どもなりの結

論」を導くことなのです。

この作文を書く手順はこうでした。まず、「人が生きていくため」にはどんな要素が必要なのかという観点から、食べ物や電気、水道、ガス、ガソリンなどなど、自分がどんなものに支えられて生活しているかを考える。次にそれらを一年で自分がどれくらい使っていて、現在、地球にどの程度の資源が残っているかを調べる。そしてそこからこの星が支えられる人口を推測していきます。

もちろんこの結論を正確に導き出すことはできないでしょう。しかし、考えるということが重要なのです。その意味で自分の生活からグローバルな問題を考え、地球規模の視点を持つ訓練としては、私は素晴らしい課題だと思っています。実際、子どもはこのワークの後、地球温暖化防止のためにといって電気をこまめに切ったり、フードロス防止のために食べ残しもしなくなりました。

ここで考えなければいけないのは、こうした「知識の活用力」を育てる学びの基礎となるのは、日々の様々な経験だということです。活用できる「生きた知識」を習得するためには、子ども自身が普段の生活の中で実際に自分の目で見て、触って学ぶ「生の経験」を数多く積んでいることこそがベースとなるのです。

その意味でもこれからの小学生には、知識習得よりも経験蓄積により時間を多く使ってほしいと思っています。

中学受験との向き合い方を考える

では中学受験とはどう向き合っていくべきなのでしょうか。ここでは学力&精神面と環境面の2つのチェックポイントを説明していきます。

ただその前に絶対忘れてはいけない大前提があります。それは「受験とは主目的ではなく手段だ」ということ。つまり合格することが目的ではなく、子どもが幸せに成長できるために受験という手段を使っているに過ぎないということです。

ここは長丁場となる受験勉強の最中に、親子ともに見失いがちな視点なので注意しましょう。要は受験で子どもが幸せに成長していけないのなら、受験はすべきでないというのが私の考えです。

その上で、子どもの学力面と精神面をまずチェックしましょう。みなさんのお子さんが、多くの知識を習得しながらも、それらを使って考えることができるだけの学力的余裕はあるか。そしてそのハードな学習を楽しめるかをまずは見極めます。続いて、厳しい逆境の状況に前向きに臨めるか、自主的学習姿勢があるか、自分で時間管理ができるかをチェックし、最後に子どもが精神的に早熟であるかどうかについてしっかり見極めてください。

また、環境面のチェックも必要です。家庭で親自身が子どものフォローができるかどうかは、とても重要なポイント。健康管理や精神的なフォローなどで、子ども以上に親もメンタル的な強さが要求されるからです。

さらに、受験をサポートしてくれる塾や先生の存在も重要です。もちろん親が全てできるなら必要ないかもしれませんが、現実問題として受験を家庭だけで行うのはかなりのリスクがあると思います。特に初めてのお子さんの場合、親の迷いが子どもに大きな影響を及ぼすこともあります。塾の選び方については後述しますが、子どもの性格をしっかりつかみ、適切な指導をしてくれる塾や先生、共に学ぶ戦友の存在は大きいものです。

最後に「子どもに最適な学校はあるか」をしっかり見極めてください。学校選びについても次の項から説明しますが、「この学校に行って○○をしたいから受験する」という姿勢こそ、受験を手段とする受験生の、あるべき姿です。決して「大学受験に有利になりそうだから」といった曖昧な動機で受験に臨まないようにしましょう。

6 将来の目的に合わせて学校を選ぶ

新しい学校選びの視点が必要な時代へ

では、どのように学校選びをしていけばいいのでしょうか。具体的な視点はこの後詳しく説明しますが、ここではまず全体的な3つの視点についてお話しましょう。

世界が急速に変化して未来がなかなか予測できない今、まず一番に考えなければいけないことは「子どもの成長に応じた変化に、柔軟に対応できる環境」の確保です。たとえこれまで高い大学進学実績を誇っていた進学校でも、卒業時にその実績をキープできるかは定かではありません。これからは「この分野なら一番」よりも、「様々な分野に対応できる」方が、子どもの将来の可能性に貢献しやすいと私は考えています。

また、これからは、大学名で進路を選ぶのも止めるべきです。今後は専門性が細分化されていき、社会に出た時にますます「専門性」が必要となっていくはずです。その時重要になるのは、どの大学に行ったかではなく、大学で何を学んだかとなります。その意味で、今後の学校選びでは是非、どんな分野に卒業生が進んでいるか（どんな学部に進学しているか）もしっかり調べて下さい。

２つ目は「時代の流れが要請しているスキルをきちんと育てるシステムがあるか」という視点です。グローバル化とテクノロジーの進化に対応することは、これからのすべての子どもに必須のスキル。こうした未来型ライフスキルを与えてくれるかについてもしっかり調べましょう。

そして最後の重要な視点は、進路を考える上で溢れる情報に踊らされることなく、「子どもが本当にその子に合った方法で成長できるか」という視点で学校を選ぶということ。そのためにはまず子どもが何を望み、どのような能力を持っているのかを、親自身がしっかり把握することが必要になります。

変化の先が見えない今だからこそ、親はしっかりと子どもを見つめ、「子ども主体のぶれない軸」を持つべきでしょう。たとえどんなに評判が良く、進学実績も優れている学校に進学しても、子どもがそこで成長できるという保証は全くありません。その意味でも

「本当に子どもにあっているか」を考えることは、他ならぬ親自身の責任だと私は考えています。

より広い選択肢が得られる環境を選ぶ

ここからはより具体的に、親が知っておきたい学校選びのポイントについてお話ししていきたいと思います。まずは「より広い選択肢が得られる環境を選ぶ」方法から見ていきましょう。

子どもの将来の選択肢を広げるためには、学校の中で様々な体験や活動のオプションが多いことが必要です。予備校のように「受験勉強」だけに専念させているような環境は好ましくありません。また語学教育だけに傾倒していたり、音楽やスポーツだけにフォーカスしたりしている学校も、すでに子どもがその方面に高い関心と能力を示している場合を除いては避けたほうがいいでしょう。

言うまでもないことですが、10代の子どもたちの興味や能力は可塑性に富んでいて、成長の中でいかようにも変化していくものです。子ども自身はもちろん、親から見て「これこそライフワーク」と言える道が明確にない限り、早い段階で子どもの進路を限定するのはリスクが高いと私は考えています。

また、ご存知の方も多いと思いますが、テクノロジーの変化は職業の姿さえも急速に変えていくと予想されています。ある研究によれば、２０３０年には、現在ある職業の約47％は自動化されているとさえ言われています。こうした未来に対応しうるためにも、大学入学前に様々な体験を重ね、自分の興味と特性を見出して、時代に柔軟に適応する力を育てる必要があるのです。

是非学校選択時には、有名大学進学実績だけに注目することなく、在学中にどんな活動や学びのチャンスがあるかを、パンフレットだけではなく実際にご自分の目でしっかり見て確認することを強くお勧めします。

教育方針はもちろん、語学や芸術、スポーツや国際交流、課外活動などの充実ぶりについても、しっかりチェックしましょう。そうした活動のバランスが取れていることこそが、より広い選択肢につながるからです。

また、塾や家庭教師の方のようなプロの意見も参考にされるのもいいですが、それはあくまで一つの情報と捉え、最後はお子さんと親が話し合い、納得のいく選択を自分たちで行うことが大切です。

未来に必須のスキルを身につけられる環境を選ぶ

グローバル化とAIをはじめとするテクノロジーの急速な発達といった、ある程度「予測できる未来」は、例外なくすべての子どもたちに影響します。これからの中学校以上の学校選びでは「予測される未来に必要なスキルを与えてくれる環境か」という視点をしっかり持ってほしいと思います。

では具体的にはどのような環境が望ましいのでしょうか。それは大きく分けて2つあると私は考えています。

1つ目は「多様性と語学習得機会に富んだ環境」です。グローバル化する社会では、異なる価値観が混在します。つまり「違い」が溢れ、それを認め合って生きていくスキルが必要なのです。しかしそうしたスキルは、多様な環境に身を置かないとなかなか身につきません。

そこで私は、様々な個性を持つ生徒がいる学校を選ぶことをお勧めします。勉強だけできる、スポーツだけ強いといった学校よりも、文武両道の学校の方が多様性に富んでいますし、常時国際学生が在籍していたり、帰国子女の生徒が多かったりする環境なども望ましいでしょう。自分とは異なる価値観に触れてこそ、子ども達は自分を客観的に見つめ、自分の才能に気付きやすくなるのです。

また、外国語でネイティブときちんとコミュニケーションできる、海外留学・生活経験のある日本人の先生が、外国語の指導をしているかどうかもチェックしてみましょう。十分な国際交流の機会があるのも語学を伸ばす上では欠かせません。交換留学制度や海外留学プログラムなどが充実しているかについてもしっかり調べたいものです。

2つ目は、「テクノロジーを十分に活用している環境」です。今、海外では、教育の隅々にまでテクノロジーが浸透しています。私の子どもが通っていた小学校ではBYOD（Bring your own device＝1人1台のデバイスの持参）が推奨され、Writingやアートの授業をパソコンで行なったり、宿題やデータのシェアを全てオンライン上で行なったりしていました。

後ほど詳しくお話ししますが、これからの「すべての子どもたち」にとって、テクノロジーの活用力は必須のスキルです。学校選びの際には、テクノロジー環境のチェックを強くお勧めします。

「子どもの好き」が伸びる環境を選ぶ

学校を選ぶとき、「校風」を考慮する方も多いと思います。確かに学校の雰囲気はとても重要です。ただ、「自由」とか「面倒見が良い」というふわっとしたイメージで決めるのではなく、もう少し踏み込んで考えてほしいと思っています。

ではどう考えるかですが、「子どもの興味や能力を高めてくれるか」を具体的に考えて判断するといいでしょう。子どもの性格はもちろんですが、言葉に出さずとも子どもが心で願っていることや、子どもが気づいていない能力などを、親自身が発見する努力をまずはしっかり重ねたいものです。その上で、そうしたものが花開く環境かどうかという視点で考えるのです。

まだ塾講師として保護者の方と面談させて頂いていた時、私は進路指導の際にできる限り、生徒と交わした会話や、指導内で気がついた生徒の「好きなこと」「得意なこと」をお伝えさせて頂くようにしていました。

多感な時期を迎える10代の子ども達は、時に両親には話せない思いを抱えていることがあるもの。またいつも一緒にいるご両親ではなかなか気づけない才能もあります。そんな情報をお伝えすることで、少しでも子どもにとって成長できる学校を選んで欲しいと願ったからです。

しかし残念ながら、進学実績の方ばかりに目がいってしまい、結果入学後に不本意な学校生活を送った例も少なからずあります。せっかく持って生まれた才能や情熱を生かせず、ただ流されるように学校生活を送ったという話を聞くにつけ、つくづく保護者の方にはもっと子どもの方を向いて学校選びをして欲しいと願わずにいられません。

これからの時代はより多様化していきます。ますます「好き」を仕事にしやすくなっていくでしょう。「２０１１年度にアメリカの小学校に入学した子どもたちの65％は、大学卒業時に今は存在していない職業に就くだろう」と言っている研究者もいます（米国デューク大学のキャシー・デビッドソン氏）。これから生まれてくる新しいチャンスに対応するためにも、「子どもの好き」を伸ばしてくれる環境を持つ学校を選ぶという視点をしっかりと持ってほしいと考えています。

第2章

激変の時代に求められる7つの力（21世紀型学力）

7 未来と今を見つめることから

未来へと続く3つの大きな波

前章では、これからの受験とどう向き合っていくかについてお話しました。この章からはより具体的に、どのような力がこれからの時代に必要なのかについて説明していきます。

まず最初に考えなければいけないのは、未来へと続く大きな3つの変化の波「グローバル化」、「テクノロジーの進化（ＡＩ化）」、そして「１００年ライフ」です。

グローバル化が叫ばれて久しく、多くの方は聞き飽きているかもしれません。しかし日本においてはまだグローバル化は入口に差し掛かったばかり。本格的な影響が現れるのは、人口が大きく減って人材不足解消のために多くの外国人の労働に頼らざるを得なくなるこれからです。多くの異なった価値観を持つ人々と日本国内で共存していくには、それなりのスキルが必要になることは、私自身も海外で暮らしていて日々実感しています。

また、テクノロジーの進化も、私たちが想像しているよりはるかに多くの変化を子どもたちの未来に与えることでしょう。これからはどんな仕事についても、何らかの形でテクノロジーを利用することになるはずです。そして今話題になっているＡＩについても、それを使いこなせるか否かで、選択肢に大きな差が生まれてくると私は考えています。

そして最後に考えるべきは、大幅な平均寿命の伸びがもたらす「１００年ライフ」です。人生を１００年としてプランニングすると、65歳で定年した場合、35年もの老後が待っています。これからは学習期→労働期→老後というモデルは崩れ、生涯学び続け、いつまでも人間として成長し続けることを可能にする『生涯学習』が必須の時代になるでしょう。私のいる海外でも、「Life long learner＝生涯学び続ける人」であることの重要性が、学生期から盛んに強調されています。

また、変化の速い社会に対応して、柔軟なキャリアチェンジも必要になると言われています。一つの仕事を生涯に渡って行っていくには、変化が速すぎる時代を迎えつつあるということです。

「正解主義」という呪縛から逃れよう

日本を離れ、外から日本の教育を眺めるとき、そのシステムの精密さには本当に目を見開かされます。緻密に計画された教科別の体系や、カラーで工夫を凝らした教科書などは、現地の教師や生徒に見せると驚嘆されるものです。

また日本の教師は研究熱心で、他のどこの国の教師と比較しても最も長く働かれています。知識レベルも非常に高く、生徒への情熱も非常に高いものがあると私は感じています。

さらに学校内の部活動や課外活動などについてみても、よく計画され、レベルも高いですし、学校の施設についても、非常に充実していると思います。

日本で生活していると当たり前に感じたり、ややもすると不満を覚えたりすることも多いかもしれませんが、日本の教育は世界的に見て高水準だと私は考えています。

ただ日本と海外の教育を比べて、一点だけ日本の教育について強く危惧していることがあります。それは日本の子ども達が陥っている、強烈な「正解主義」の呪縛です。まだ私が御三家クラスを指導していた頃から、この点についての危機感を持っていました。

当時から私は授業の中で、限られた時間を何とかやりくりし、子ども達が常識や固定観念にとらわれない自由な発想ができる時間を捻出していました。しかし、高い知識力と思考力を持つ子どもたちでさえ、議論の途中に何度も私の考えを確認し、それに則って自分の意見を述べようとする傾向がありました。この傾向は標準クラスや基礎クラスになるとより一層顕著になり、極端な時は他生徒が発言中に詰まると、「結局答えは何なんですか？先生」と聞いてくる始末だったのです。

正解主義の根っこにあるのは、問題には必ず「一つの正解がある」という固定観念です。当たり前ですが、社会に出れば「一つの正解」など存在しませんし、これからはその問題自体を自分で探していく時代です。

これからの未来を生きていく子ども達にはまず、この「正解主義の呪縛」から解き放たれ、自由に発想することが必要だと痛感しています。

8 求められる7つの力

未来を生きる子ども達に必要な力とは？

先ほど見てきた未来への3つの変化の波と、日本の子ども達が抱えている課題に基づくのなら、未来を生きる子どもたちは一体どんな力をつけていくべきなのでしょうか。この問いに答えるために、まず問題の本質に戻って考えてみましょう。

これからの未来を一言で表現するなら、「変化の先が見えない世界」です。そんな未来を生きるためには、既存のマニュアルに頼らず、試行錯誤しながら、他者と協力して自分の進む道を見つけていく力が必要だと考えられます。

では「試行錯誤しながら自分の道を見つけるために必要な力」とはどんなものがあるのでしょうか。

まず自分の道を見つけるためには、自分を理解し、信じることが大切です。言い換えるなら、ブレない自分軸を持っている必要があります。

また試行錯誤を繰り返す中では、様々な壁にも直面します。その時にめげることなく立ち向かえるタフネスさが必要になるでしょう。今後はこれまでのモデルが使いにくくなっていきますから、試行錯誤から道を見出していくためには、常識や固定観念にとらわれずに、斬新なアイディアを考え出すことも重要です。

さらに正しい選択をするためには、幅広い情報の中から正しいものを選び出し、それを分析する力も必要となります。これまでも情報処理能力は大切なスキルでしたが、これからはそれがより精緻に実施できることが重要になってくるのです。

また、多様性が増す社会の中で、自分とは異なる価値観や文化、言語を持つ人々といかに協力していくかも、自分の道を見つける上でとても大切なことです。そして言うまでもないことですが、どんどん便利になるテクノロジーをいかに活用していくかは、どんな道に進むにしても必須のスキルになっていくことでしょう。

私はこうした様々なスキルを7つにまとめ、それらを「未来型スキル」と名付けました。次の項ではその概略についてお話ししましょう。

7つの「未来型スキル」とは

さて、ここからは「7つの未来型スキル」の概略について説明します。

私は次の7つのスキルを提唱します。なぜそのスキルなのか、についても一つひとつ解説していきます。

1『自己肯定スキル』

自分を客観的に理解し、自分の能力や情熱を正しい方向に生かしていくことができる力のことです。多様化と変化に満ちた時代で、しっかりとした自分軸を持つために必要なスキルです。

2『創造的発想スキル』

既存の常識や固定観念を超え、自分らしいオリジナリティあふれた発想ができる力、スキルです。斬新なアイディアの源泉となるスキルです。

3『論理的本質思考スキル』

不測の問題に直面した時、原理原則に立ち戻り、筋道立てて解決策を考えることができる力、スキルです。他者との議論はもちろん、様々な情報の分析にも必要となります。

4『分析的判断スキル』

インターネットの発達でどんどん増え続ける情報を様々な角度から多元的に分析し、複眼的視点から判断できる力です。情報処理能力の要となります。

5『テクノロジーリテラシースキル』（テクノロジーと適切な距離を保ちつつ、自由に使いこなせるスキル）

最新テクノロジーを適正にかつ効果的に使いこなせるスキルです。これからの世界では、どんどんアップデートされていく最新テクノロジーをどう使いこなしていくかが、大きな鍵を握っていくと私は考えています。

6『自己表現スキル』

自分の考えを的確かつ効果的に伝えるための『自己表現スキル』です。多様化する社会の中で、自分の考えを正しく伝えるためにとても重要なスキルと言えます。

7『グローバルコミュニケーションスキル』

多様な社会で共存するための『グローバルコミュニケーションスキル』です。グローバル社会で必要なのは語学力だけではなく、異なる価値観との共存を可能にする柔軟性とタフネスも重要となります。

以上の7つを合わせて本書では、「未来型スキル」と総称します。この7つの「未来型スキル」は、未来を生きる全ての子どもたちに、ぜひ身につけてほしいスキルです。次の項からは各スキルの内容や必要性、そしてその身につけ方について具体的に詳しく説明しましょう。

9 スキル①『自己肯定スキル』自分を客観的に捉え、判断できる

すべての力の源は「自分への信頼」

まず最初にご紹介するのは、『自己肯定スキル』です。自己肯定とは文字通り、ありのままの自分を認め、受け入れられる能力のことです。

何をいまさらと思われる方も多いかも知れませんが、これまでの指導を通してこのスキルが高い生徒はむしろ少数派だと感じています。逆に言うと自分軸を持てている生徒はほぼ例外なく、どんな逆境の中でも周囲に流されずに、自分の道を見つけていきました。

これからの、変化が速く、そして大きくなる未来では価値観が多様化し、これまでのように明確で共通の価値観が生まれにくくなります。いい大学に入って、いい会社にはいれば幸せになれるという「成功のモデル」が通用しなくなり、これからはどう生きていくかを自分自身の価値観に基づいて選ぶ時代になるでしょう。そしてその「自分自身の価値

観」を見出し、そんな時代を自分がどう生きていくのかを考える上で一番役立つスキルが、この『自己肯定スキル』だと私は考えています。

自己肯定スキルとは、「自分自身を信じ、自分の好きなこと＝情熱と、得意なこと＝才能を理解して、それに基づいて判断・行動できるスキル」のことです。一言で言うのなら、どんな時でも自分を信じ、自分らしく生きられる力と言ってもいいでしょう。

この自己肯定スキルは、これからご紹介する6つのスキルの土台をなすスキルで、このスキルがなければ他のスキルは効果的に機能しません。どんなに高い能力を身につけても、自分を知り、信じることができなければ、いざという時には何もできなくなるものです。

実際に受験の現場でもこの自己肯定スキルの差は、成績の差以上に合否に影響を及ぼしました。「本番に強い生徒」はこのスキルが例外なく高いものです。そしてこのスキルは先天的な才能ではなく、後天的に訓練で伸ばしていくことができるのです。

どんな困難に向き合っても、たとえ八方塞がりに見える状況の中でも、自分の進むべき方向を見失わずに前進できる源となるこの『自己肯定スキル』は、全ての子どもが最初に身につけるべきだと考えています。

生涯を通じて自分を支えてくれるスキル

この自己肯定スキルは、教育改革後の多様化する受験の中では、特に大きな力を発揮していくと私は考えています。

例えば受験校を選ぶときのことを考えてみましょう。今、第一志望校を2つの学校の中から絞りきれずにいたとします。仮にそれをA校とB校としましょう。A校は偏差値が高く進学実績もいいですが、やや遠方にある「難関校」、一方のB校はA校よりは偏差値が低いですが、近所にあるいわゆる中堅校とします。

偏差値的には十分A校にも合格でき、周囲の友人も皆A校志望。塾の先生にもA校を当然勧められています。一方B校は気になっている部活や課外活動プログラムがあります。A校に入れば成績は平均程度、B校ならトップレベルで合格です。こんな状況でどちらかの学校を選ばなければいけなくなったと想像してみてください。

もし自己肯定スキルが低かったら、どんな選択をするでしょうか。自分の才能や情熱がはっきりしない以上、少しでも「出口での選択肢が広い」A校を選ぶのではないでしょうか。実際に指導現場では周囲の影響を受けやすい大半の生徒が、このような受動的な選択をしていました。

一方で自己肯定スキルが高い生徒はどうするでしょうか。彼らはもっと緻密な分析を行って志望校を選びます。自分の性格や能力であれば、どちらの学校の方が入学後に有意義な時間を過ごせるだろうか。自分の好きなことや得意なことを伸ばせるのはどちらだろうか。課外活動や部活と勉強との両立には、時間や授業の進み方、サポート体制はどちらが自分に合っているだろうか。そんなことをしっかり加味して判断できるのです。これは多様化する受験でも、大きな力となるはずです。

また受験勉強の中で成績が伸び悩んだ時も、自己肯定スキルが高ければ、伸び悩みは自分の才能のせいではなく、学習方法に問題があると考えられるので、挫折感を味わいにくくなります。つまり何かに挑戦する際に自分を支え、客観的な視点を与えることで、前向きに進んでいく後押しをしてくれるのが、この自己肯定スキルなのです。そしてこれは受験にとどまらず、生涯にわたって子どもを支えるスキルとなるでしょう。

たくさんの挑戦と失敗の経験が育てる自己肯定スキル

ではこの自己肯定スキルはどのようにしたら育てることができるのでしょうか。その鍵を握るのは、「挑戦と失敗の経験」です。

過去に指導してきた中で自己肯定スキルが高かった生徒の共通点は、小さい時からさまざまなことにチャレンジする経験を数多く積んでいたということです。

経験の内容は色々でした。ある生徒はスポーツやアート、ある生徒は音楽や語学。またある生徒はボーイスカウトやクラフト。中には虫取りや園芸などまでありました。

彼らは両親やコーチなどの指導者のもとで、練習や創造活動、あるいは体験活動を積んでいました。そしてそれらを通して、まさに数え切れないほどの挑戦と失敗を重ねていたのです。

そして失敗を乗り越える体験を繰り返す中で、「やればできる」という自信を知らず知らずのうちに身につけ、自分が好きなこと、得意なことに目覚めていくことができたのです。

ここから見えてくることは、『自己肯定スキル』は結果を気にせず、間違えること、失敗することを許容される環境でこそ伸びていくスキルだということです。

またその際に、「広く浅くではなく、狭く深く学ぶ」ことも重要です。子どもの興味がより強く向いているものにできるだけ絞り込んで、好きなことを、とことん深く掘り下げて学ぶのがコツだと思います。

10

スキル②『創造的発想スキル』常識を超えて仮説を立てられる

テクノロジーとの共存時代が求める、イマジネーションの源

２つ目にご紹介するのは、斬新なアイディアの源泉ともなるスキル『創造的発想スキル』です。一言で言えば既存の常識や固定観念を超え、自分らしいオリジナリティあふれた発想ができる力のことを指します。

このスキルから生まれる、理想やアイディアを思い描くイマジネーションの力は、自分の将来を思い描くためにも必要となるだけでなく、将来社会に出た後、仕事の中でもますます重要さを増すことでしょう。

というのも既存の知識を整理・統合し、それを適用して実施する作業はもっぱらＡＩの役割になっていき、代わって必要となるのは、既存の常識や固定観念にとらわれず、自由

に発想するイマジネーション力を利用した作業だからです。

またこの『創造的発想スキル』は、他者の気持ちを考えたり、異なる価値観を理解したりする土台にもなります。自分と異なるものを理解するには、『想像力』が欠かせません。いわば「違いを理解する基礎」にもなるスキルともいえるでしょう。

このスキルは、一見「子どもじみた発想」が原点となります。言い換えるなら「非効率だが必要なもの」を考えることと言ってもいいかもしれません。そしてその発想から生まれるこのスキルは、AIとの共存の時代に、最も求められるスキルの一つと言っても過言ではないと私は考えています。

その理由は、AIやコンピュータが得意とするのは「合理的発想」であるという点にあります。しかし人は非合理的な行動をとることも少なくありません。そして一見非合理的でも、「純粋に楽しい・嬉しいから行うこと」に貢献するようなアイディアを出すことはこれからも必要ですし、人間こそが担っていく役割のはずです。

いうまでもないことですが、すべてのイノベーションは、子どものように純粋な憧れや夢から生まれています。子どもの頃に自分の憧れを思い描き、ワクワクする気持ちを持つことで、この『創造的発想スキル』を育てることはとても重要なことです。

壁を乗り越えるための翼を与えてくれるスキル

創造的発想スキルは、斬新なアイディアを考えたり、自分の夢や理想を思い描いたりする時に有用なスキルです。また相手の感情を理解したり、自分とは異なるもの＝違いを受け入れたりする時にも活躍します。

一旦このスキルを身につければ、勉強や仕事、人生で壁にぶつかった時に、これまでの発想とは全く異なる視点から、その時必要なアイディアを思い浮かべることができるようになり、問題解決能力が大きく伸びることでしょう。

例えば学習面での活用法について、具体的に考えてみましょう。もし受験勉強が行き詰まって成績が伸びなくなった時などはどうでしょう。通常なら、先生に相談に行く、学習量を増やす、学習法を変えるといった行動をするのではないでしょうか。

当たり前のことでしょう？　と思う前に、このような発想をする理由を考えてみて下さい。それは「合理的だから」ではありませんか？　ＡＩのような機械なら、こうした合理的な判断で導いた答えが一番合理的な結論になることが多いでしょう。しかし人間はそうはいきません。なぜなら感情という要素が、合理性だけでは判断できないものだからです。

ここで創造的発想スキルを働かせると、「いっそ学習をしばらくやめてしまえば、気分がリセットされるのでは？」というアイディアが浮かんできます。これは一見非合理的に見えますが、実際に一旦学習を止めることで冷静になれ、焦って集中できていなかっただけと気づくかもしれません。このように創造的発想スキルは、「当たり前」のアプローチをやめ、異なる視点からのアイディアを生み出すことができるのです。

これは仕事においても、これまでの手法でプロジェクトが行き詰まってしまった時、全く違うアプローチを考える時にも役立ちます。既存のやり方を一旦頭の外に出して、制約のない状態で自由に考えることを可能にしてくれます。そこからは、より斬新な発想が出てきやすくなるでしょう。

またこのスキルを使えば、人間関係に迷った時に相手の感情を状況から想像し、どんな対処をしたらいいかを考えることもできます。自分と異なる立場から考えられれば、多様な価値観を受容しやすくなり、違いの中で共存する力の源にもなります。その意味でも、多様化が進むグローバル化社会を生きていく上で、必須のスキルだと思っています。

『自己肯定スキル』をベースに、芸術や創作活動、スポーツなどの中で育てる

ここからは『創造的発想スキル』の育て方の説明をしていきますが、その前に一点、再確認しておきたいことがあります。それはこれまでにお話した『自己肯定スキル』を十分に伸ばして初めて、このスキルがきちんと伸びていくものだということです。

21世紀の多様化する社会でとても重要なスキルであるにもかかわらず、高い学力を持つ日本人の生徒たちにとって長年の悩みの種だったのも、この『創造的発想スキル』です。その原因は彼らが陥っている「正解主義」の呪縛と、強すぎる合理主義発想だと考えます。これまでの指導を通しても、持っている知識ではわからないと、考えること自体を放

棄して、すぐに「わからない」と反応する生徒が多かったものです。これはトップクラスの中でさえ、珍しいことではありませんでした。

間違いを恐れずに発想できることこそ、『創造的発想スキル』の生命線です。そのためにはまず親や先生などの大人が、子どもの語るアイディアや夢・憧れ・理想を、判断を加えないでそのまま受け入れることが必要です。特に子どもが小さいうちは特に、正解不正解ではなく、その発想の豊かさを評価するように心がけましょう。合理性を追求しすぎず、非合理的でもなんらかのニーズを満たすものであれば、認めていくようにすることが大切です。

その上で、アートやクリエイティブな創作活動（自ら何かを作り出す作業）、スポーツなどの経験を多く積むようにして下さい。こうした活動は全て、自分なりのアイディアが必要となるもので、続けて行く中で「発想する楽しさ」が花開いてくることでしょう。

最初のうちは大人がサポートして、子ども自身のアイディアを使って小さな目標を設定させることから始めましょう。そして活動を純粋に楽しませ、小さな成功体験を実感させることにフォーカスするのです。

例えばスポーツであれば、試合の結果を振り返ってどうやったら次はもっと良いプレーができるかを考えさせます。実際に試合中のプレーをビデオに撮り、親子で一緒に話し合うのも良いでしょう。このとき、親はとやかくアドバイスすることを控え、子供自身のアイディアを尊重するようにしてください。そして、そこで出てきたアイディアをもとに練習をさせていきます。その中で成長が見られたら子どもにそれを伝え、自分のアイディアで向上したという実感を持たせるように導くのです。

このとき、親自身が結果を求めてしまわないように注意してください。大切なのは「どれだけ向上したか」ではなく、子ども自身が「どれだけ成功体験を実感できたか」です。子どもがその活動で成長することを自覚し、自主的に取り組めるように導くことこそ親の役割と心得ましょう。

11

スキル③『論理的本質思考スキル』物事の本質までさかのぼり、論理的に考える

そもそもどうしてそうなるのかを、筋道を立てて考えられる力

3つ目にご紹介するのは、『論理的本質思考スキル』です。お気づきかもしれませんが、このスキルには2つの要素が入っています。それは「論理的な思考」と「本質的な思考」です。以下、順に説明しますね。

ロジカルシンキングである「論理的な思考」はいうまでもなく、物事を筋道立てて考えるスキルのことです。何かを考える時、誰かに何かをわかりやすく伝えたい時などに、この「論理的思考」はとても大切になることに異論はないでしょう。学習面では数学はもちろんのこと、小論文や討論などでも必須で、とても馴染み深いと思います。

一方で「本質的思考」はあまり聞きなれないかもしれません。これは源までさかのぼっ

て問題や課題の本質を探し出し、本質的な問いを考えるスキルのことを指します。

このスキルを身につけると、「元々はどうなっているのか」「そもそもなぜそうなるのか」という視点から「何が問題なのか」を探し出し、「ではどうすべきなのか」という問いを立て、原点から筋道を立てて考えていくことができるようになっていきます。

また「何が問題なのか」を見つけるこのスキルは、「何を調べればいいのか」の答えを与えてくれるので、リサーチ力の原点にもなります。すぐ調べるのではなく、そもそも調べるべきか否かを判断する上でも必要となるスキルともいえるでしょう。

この「論理的思考」と「本質的思考」を合わせて、『論理的本質思考スキル』は成り立っています。そしてこのスキルを習得することで、「問いの本質は何か？→調べるものがあるか→調べるべきか→何を調べるべきか」を論理的に考えることができるようになるのです。

これから始まる多様化の時代には、要素が絡み合った複雑な問題が待ち構えていることでしょう。そうした問題の解決に必要なのは、問題の源までさかのぼって考えられる柔軟な思考力です。そのニーズに応えるのが、この『論理的本質思考力』なのです。

複雑な問題の打開を可能にするスキル

この『論理的本質思考スキル』は、優れたリーダーが必ず持っているスキルの一つです。彼らは現状の問題点の本質を見つけ出し、それを解決するための方法を見つける能力に長けています。その意味でこのスキルの育成は、リーダースキルの育成にもつながっていくでしょう。

また学習面でも、このスキル育成は必要不可欠です。教育改革後の大学入試で重視されていく小論文や集団討論などでは、このスキルを見ていると言っても過言ではないほど重要です。

例えば小論文では、中学受験や高校受験でも、課題文や資料が与えられた形式がよく出題されます。こうした問題ではまず問題が問うていることの本質をつかみ（何を答えさせたいのか）、その課題文や資料からその情報を探し出して、どう解決するかという問いを立てることが必要になります。そしてその解決に有効な方法を、課題文や資料を基にして筋道を立てて考えていくことが要求されます。『論理的本質思考スキル』はこうしたプロセスを踏む上で、まさに必須のスキルなのです。

集団討論においても、このスキルは大きな役割を果たします。集団討論ではどのような能力を測っているのかについての詳細は後述しますが、ひとつには「集団の意見の中で自分の意見をどう論理的に説明できるか」が挙げられます。これを可能にするのは、「他者の意見」がテーマに沿った論理的なものであるかを分析し、それに対して自分の意見をどう論理的に説明するかを考える思考力です。

また、このスキルは、学校や会社でリサーチをする時にも活躍します。情報収集が必要なときに、どのような情報をどれだけ探すべきかの指針を与えてくれるので、正しい検索キーワードを見つけられ、検索結果の分析にも役立ちます。

さらに討論や会議などで議論が錯綜した時、その原因を見つけ出し、問題解決の糸口を見つけ出すこともできるようになるでしょう。自分の考えを広げたり、他人の意見を拡大解釈したりするときにも応用できるので、学習だけでなく社会に出てからも幅広いシーンで活用できます。

なお、自分と異なる意見に対する反論を考える際には、前提として創造的発想スキルを持っていることが重要となります。この点についてはまた後ほどまとめてお話しします。

そもそもなぜそうなのか？という問いを持ち続けることで育つスキル

このスキルは、実はトップ校指導ではこれまででも行われてきており、別に目新しいものではありません。例えば数学で公式を忘れてしまった時に、より基本的になる定理や法則から公式を現場で作り出すように、論理的本質スキルは従来の受験学習を通しても育成することができました。これは他教科にも応用可能な考え方で、簡単にいえば「行き詰まった時は、そもそも原理原則は何だったかを、筋道立てて一つひとつ考える力」といえます。

ただこれからの教育では、このスキルがトップクラスだけではなく、すべての生徒に求められ必要になってくる点に注意しましょう。そしてこのスキルを習得するには、経験とコツが必要です。そこでまず大切なのは、勉強をして何かを学んだとき、必ず「なぜそうなのか？」という問いを立てて考える経験を積むということです。

例えば、日常生活を送って行く中で起こる「誰かと意見が食い違う」という問題で考えてみましょう。この時、解決策を探す第一歩として、どこでお互いに齟齬《そご》が生まれ、それは何が原因で生まれたのかを考えることから始めるのです。さらにこれを一歩進め、ニュースなどで学べる、世界で問題になっている出来事などについても、そもそも何が原因なのかという問いを立てる習慣をつけさせるようにするとなおいいでしょう。

勘のいい方はもうお気づきかもしれませんが、この訓練は入試の集団討論対策に直結します。普段から因果関係を意識した「原因は何か？→どうやったら解決できるか？」の思考トレーニングを積んでいきましょう。そしてそれを言葉で説明させ、「接続詞」を使って表現させてみれば、小論文対策にもなります。

ただしここで一点気をつけることがあります。それは、「絶対的に正しいことはない」という原則をしっかり自覚させるということです。この点に気をつけないと「正解主義の呪縛」に陥り、間違いを恐れて思考が硬直化する恐れがあります。大人が結論や原因を示しすぎるとそれに迎合してしまい、スキルが十分育たないので注意して下さい。

また、思考するときのコツとして、縦（時間）軸と横（空間）軸の視点を持つといいでしょう。縦（時間）軸とは、過去・現在・未来という時間の流れの中で考えること。横（空間）軸とは、現在の世界を概観して考えることです。つまり時代や地域（国や文化）が異なると、どのような違いが生じるのかという視点を持つということです。このように、縦と横の軸を意識することで自分の視野が広がり、より柔軟な発想も生まれやすくなります。

12

スキル④『分析的判断スキル』情報を多元的に分析し、批判的に考えられる

必要な情報を適切に収集・整理し、多角的な視点から分析できる力

4つ目は、急速に増加する情報を整理・分析し、必要な情報だけを抽出して批判的に判断するスキル『分析的判断スキル』です。このスキルにも、2つの重要なスキルが融合しています。それは『情報分析スキル』と『批判的判断スキル』です。

『情報分析スキル』の重要性については、今さら議論の余地はありませんね。テクノロジーの発達は情報量を天文学的なものとし、今や問題は「情報がない」から「どの情報を選ぶか」に変わっています。その中で、膨大な情報の中から必要な情報だけを正確にピンポイントで得られるスキルが今後必須になっていきます。

さらにそうして得た情報を分析し、信憑性や正確性を判断する力も重要になります。

「この情報によればこうだが、果たして本当だろうか？」という好奇心と批判的視点が、この『批判的判断スキル』の出発点。それは情報のオリジナルはどれか（そもそもどこにオリジナルがあるかも含む）までさかのぼって調べる視点にもつながっていきます。そしてこのスキルが、「これ以外はない」という思考停止に陥ったり、安易に多数意見に迎合したりすることを回避させ、客観的な分析結果を得るための土台となるのです。

この2つの要素を合わせて出来上がっている『分析的判断スキル』はこれから、前項まででお話した、創造的発想スキルや論理的本質思考スキルとセットで使用する場面が多くなっていくと私は考えています。

また創造的発想スキルとの併用で、より多元的な視点での分析ができるようにもなります。つまり、創造的発想スキルで立てた仮説に基づいて、分析的判断スキルを使って情報の収集・分析を行い、それらを使って論理的本質思考スキルで解決策を探すというプロセスが、学習面だけでなく仕事においてもますます必要になってくるからです。

また、このスキルは、いったん決めた結論をフィードバックや結果に基づいて振り返り、修正する時にも有用になるスキルです。そこでは自分たちの結論の妥当性を、フィードバックという新しい情報から再分析する時に、活躍します。

自分の意見を持つための礎となるスキル

この『分析的判断スキル』は、教育改革後のアクティブラーニング学習で必須となる極めて重要なスキルだと私は考えています。そこで、ここからはこのスキルが具体的にどのような場面で活躍するのかについて、具体的例を挙げながら説明していきましょう。

未だに誤解の多いアクティブラーニングの詳細については後ほど項を変えて説明しますが、簡単にいうと『学習テーマに沿って、自分たちで調べ、話し合いながら学んでいく』というシステムと言えます。そこでは教わったことをただ覚えるのではなく、「本当にそうだろうか？」という視点を持ち、他者の意見も考慮しながらさまざまな情報を収集、整理・分析し、その是非を客観的に判断することが求められます。

アクティブラーニングではクラスで協力しあって学んでいく『協働的な学び』が必要です。しかし、このシステムが機能するための前提として、各生徒が自分で必要な情報を集め、情報収集時の判断基準を持ち、それに基づいて情報を取捨選択する力が求められることにお気付きでしょうか。すなわち協働的な学びにはまず、個人が責任を持って調べ、意見を持っていることが必要であり、それを支えるのがこの『分析的判断スキル』なのです。

これは集団討論＝ディスカッションだけに役立つスキルではなく、プレゼンテーションやスピーチの準備にも有用です。例えば先ほど例に挙げた『地球は何人の人間を支えられるか』というプレゼンについて考えてみましょう。

このプレゼン作成を始める時にまず直面するのは、何から調べるかという問題でしょう。テーマがあまりにも大きすぎるため、どんな情報を調べるか見当がつかない子も多いことでしょう。しかしこの『分析的判断スキル』を使えば、テーマに必要な情報の範囲を絞り込めます。今回のテーマなら、人が地球で暮らすために必要なのは何かという視点から、「生存に必要な要素」というキーワードが見つかるかもしれません。そしてそのキーワードを検索し、複数ヒットしたサイトを批判的視点から比較検討して信憑性を考え、必要に応じてオリジナルな情報まで探しにいくことでしょう。また、手に入れた情報を整理、統合して、テーマに必要なものか否かを改めて取捨選択することもでき、それに基づ

1 21世紀・これからの受験との付き合い方
2 激変の時代に求められる7つの力（21世紀型学力）
3 2020年以降の教育と広がる選択肢
4 家庭でできる「7つの未来型スキル」育成メソッド

いて自分の結論を下すことができます。

またこのスキルは仕事についてからも、マーケティングや新規プロジェクトなど、幅広いシーンで役立つので、必ず育成しておきたい重要なスキルです。

リサーチを通じた知識の習得・整理がこれからの学びのスタンダード

では、この『分析的判断スキル』はどうやったら育成できるのでしょう。

一番お手軽な方法は、学びのスタイルを『アウトプット型』メインのアクティブラーニング型学習に切り替えることです。

ここで最初にお断りしておきたいのですが、私がオススメするのはインプットを無視した完全な「アウトプット学習」ではありません。ここはアクティブラーニング学習への誤解にもつながるのですが、インプットなしでアウトプットなどできるはずがありません。

例えば、日本における人口減少への対策についての意見を述べる（アウトプット）時に、人口減少についての知識がなければ、そもそも自分の意見を考えることさえできません。知識のないアウトプット型学習は「学びのない遊び」であり、これはアクティブラーニングとは決して呼びません。くれぐれも誤解しないよう気をつけてください。

ではアクティブラーニング型のアウトプットメイン学習とはどんなものなのでしょうか。それは簡単に言えば、従来の先生の話を聞いて覚える（インプット）→テストできちんと得点する（アウトプット）ではなく、意見を述べること（アウトプット）に向けた準備であるリサーチを通して情報を得、それを整理して理解する（インプット）というプロセスと言えるでしょう。

つまり、発表（アウトプット）の目的を理解→必要情報の収集＝リサーチ→情報の整理と理解（インプット）→知識を使った発表準備＝思考・判断→発表（アウトプット）→フィードバック・質問→振り返りと再リサーチ&思考→以上の内容を理解して記憶（インプット）というサイクルを通して学習を進めていくわけです。

このサイクルの中で学習を進めていけば、自ずと『情報の収集と整理・分析力』がつき、それを使って『判断する力』が養われていきます。そしてその中で2つの力が融合し、『分析的判断スキル』が育っていくのです。

またこのスキルは、日常生活の中でも培うことができます。どんな情報に接する時も、必ず複数の情報源（ソース）から確認をし、そのソースは本当に信頼に足るのか、各情報の共通点・相違点は何か、違いを生み出しているものは何かといった批判的視点から情報を考える癖をつけさせましょう。「その情報は本当なの？」「どうして信頼できるとわかるの？」と問いかけていくことから始めてみるといいでしょう。

13

スキル⑤『テクノロジーリテラシースキル』
最新テクノロジーを使いこなせる

テクノロジーを適切に運用できる力

5つ目のスキルとしてご紹介するのは、飛躍的なスピードで進化を続けるテクノロジーと正しく向き合い、その機能を存分に使いこなすための『テクノロジーリテラシースキル』です。

テクノロジーの発達は私たちの世界を劇的に変えています。その最たるものが、インターネットとスマートフォン（以下スマホ）の発達でしょう。スマホは登場からまだ僅か10年しか経っていないにもかかわらず、すでに世界で2人に1人がスマホを所有するほどになりました。そしてそのスマホは空間を超えた横のつながりを可能にし、情報は一瞬で世界中に拡散されるまでになっています。

しかし、一方でスマホ中毒になる人が後を絶たず、テクノロジーとの付き合い方が問われています。お子さんは今、スマホと適正な関係を保てているでしょうか。スマホはあくまで「道具」です。道具は「使う」ものであって「使われるもの」ではないことは誰もが知っています。にもかかわらずその「魔力」にのめり込んでしまうのは、テクノロジーを使いこなすスキルが不足しているからに他なりません。

こうした弊害の回避のため、テクノロジー自体を遠ざけようとする意見も聞かれますが、私は同意できません。今の子どもたちは生まれたときからテクノロジーに囲まれている、「テクノロジーネイティブ」世代です。そんな彼らにとってテクノロジーはもはや、要不要を論ずるようなものではなく、生活をしていくために必要不可欠な存在なのです。だからこそ避けるのではなく、それが何をもたらし、どんなリスクをはらんでいるのかを知り、正しい付き合い方を学ばせる必要があると私は考えています。

そしてそのテクノロジーのメリットとリスクを理解した上で、テクノロジーに対してどんなコマンドを出していくのかという能力もまた、今後すべての子どもたちに身につけて欲しいと思っているスキルです。またプログラミング能力も、アップデートしていくテクノロジーに対応するための、「仕組み」から理解する能力として重要になってきます。

最新テクノロジーを使いこなす

テクノロジーの進化は私たちの生活を飛躍的に便利にしましたが、これまでは生活の必需品とまでは言えなかったのではないでしょうか。しかしこれからの数十年で、その状況は一変するでしょう。

その理由は教育環境の変化です。すでに海外では教育の隅々にまでテクノロジーが浸透し、子ども達は小学生のうちからそうしたテクノロジーに順応しています。

前述したように、例えば私の指導している生徒の小学校では、BYOD（Bring your own device＝自分のパソコンやタブレットを持参すること）が推奨され、ほとんどすべての生徒が自分のデバイスを学校に持ってきています。授業はそれを前提として実施され、スピーチやエッセイ（小論文）、プレゼンなどはすべてそのデバイスを用いて行います。Wifiが完備された教室内で、生徒たちはチームになってリサーチをし、議論を重ねながら結論を出し、その結果はチーム内のネットワークで共有されていきます。

私の子どもたちの宿題もGoogle Documentを通して子どもに直接送られ、作業の進捗状況はファイル共有をされている先生がリアルタイムで確認、アドバイスを行っています。

　こうした教育が今後拡大していくと、子どもたちはテクノロジーのない生活が考えられなくなり、彼らが社会の担い手になっていくにつれて、社会の隅々にまでテクノロジーが活用されるようになっていくことでしょう。そしてこれからはどんな職業についても、テクノロジーを使いこなすこのスキルは必須となると私は考えています。

　またテクノロジーを理解し使いこなせることは、変化の先を見極める視点を得ることにつながります。つまり今どんなテクノロジーがあって、それでどんなことができるかを知ることは、今後どんな仕事がテクノロジーの仕事となり、その結果どんな新しい仕事が生まれるかを判断するヒントを与えてくれるのです。

　また今、スマホの性能が飛躍的に伸び、スマホとコンピュータの垣根がどんどん低くなっています。誰もがスマホを使えるようになっていますが、実はスマホで何をしているかだけでも、将来大きな差が出ると私は考えています。例えばゲームや動画を見て楽しんでいるだけの人と、オンラインで学んだり自らクリエイティブな発信をしたりする人とでは、将来大きなスキルの差が生じることは想像に難くないでしょう。その意味でも、しっかりとした『テクノロジーリテラシースキル』は身につけさせておきましょう。

3つの視点から育てたい『テクノロジーリテラシースキル』

ここからは『テクノロジーリテラシースキル』をどう育てていくかについてお話しましょう。ポイントとなる視点は、『仕組み』と『距離感』、そして『使用法』の3点です。

まず育てたいのが、テクノロジーの『仕組み』への理解力です。

例えばスマホはたくさんのアプリがありますが、インターネット接続が必要なアプリでは接続時に、ハッキングなどのリスクが伴います。その際にどうやってハッキングを防止するかは、ハッキングやセキュリティシステムの仕組みを知っていれば容易に考えられることでしょう。また、将来益々テクノロジーが発達し、ＡＩ（人工知能）が進化していく未来においては、プログラミングの知識も、テクノロジーの仕組みを理解する上で重要になるでしょう。学校教育でも強化されるので、しっかり学びたいものです。

次に育てるべきは、『距離感』です。

いうまでもなくテクノロジーには中毒性があります。まずはその中毒性の事実をしっかり伝え、その上でどういう防止法があるかをあらかじめ考えさせてから使用するべきです。また先ほども触れましたが、ハッキングなどの各種リスクがあることも知らせ、まずはどう接するべきか話し合うことから始めていきましょう。

そして最後は『使用法』について。

私はテクノロジーについて、大きく分けて『創造』か『消費』の2つの使用方法があると考えています。つまり作り出す側か、使う側かです。

Youtubeを例に挙げると分かりやすいですね。Youtuberは今や人気の「なりたい職業」ですが、将来職業にしたいと思う子どもたちでも、単に動画を見て楽しんでいるだけの子と、実際に自分で動画を作成してアップしている子がいます。ここで「創造」と「消費」の差が生まれ、この積み重ねは将来、大きなスキルの差となって現れるでしょう。

これはほんの一例ですが、テクノロジーは今後できる限り、「創造」に使っていけるようにしていきたいものです。これからは誰もが自由に発信していける時代ですから、SN

Sを通じて世界と「繋がり」、自分の考えや才能を発信する練習を積んでいきながら、自分の世界を広げていくことも有用でしょう。

また、ニュースや記事などを通してどんどん最新テクノロジーについて学び、可能なら店頭に出向いて実際に触れてみる機会を多く持つのもいいでしょう。最新テクノロジーの使い方を学べるワークショップもたくさん開催されていますから、こちらも積極的に活用していきましょう。

14

スキル⑥『自己表現スキル』自分の考えを的確かつ効果的に伝える

自分が伝えたいことを正しく効果的に理解してもらうスキル

「能ある鷹は爪を隠す」という謙遜の美徳は美しいものですが、それは多くの人々によってひとつの価値観が共有されていることが前提に成り立つもの。多様化が進む現代において、その人にしかできない何かを求めるようになっていく中、謙遜の美徳に代わり、自分のスキルやアイディアを効果的に表現できる能力は必須となりつつあります。6つ目のスキルとしてご紹介するのが、それを可能にする『自己表現スキル』です。

この『自己表現スキル』は3つの要素で成り立っています。一つは伝える内容を吟味、整理する『段取り力』。2つ目は伝える相手の気持ちを斟酌する『共感力』、そして自分の意見を支えるための『表現力』です。

以下具体例を挙げて、簡単にお話ししましょう。ここでは学校の授業で、『制服を廃止するか否か』というテーマについて、制服は必要だという立場からプレゼンテーションを行うことを考えてみます。

まずは制服廃止について、どんなことが問題になっているのかを考えた上で、どんな観点から制服は必要であるかを整理します。ここで必要になるのが『段取り力』です。話す内容が整理できたら、次は制服廃止派がどうして制服をなくしたいと思っているのかについて、その心情に想いを馳せます。ここで重要なのは『論理的理由』ではなく、『感情』をおもんばかる点です。これが『共感力』です。そしてそれを考慮した上で、どういう表現方法をとれば相手の心に響くかを考えるのが、『表現力』。以上の3点を合わせて、『自己表現スキル』は成り立っているのです。

つまり『自己表現スキル』とは、自分の伝えたい内容を整理して優先順位をつけ、伝える相手の心情を理解した上で、相手の心に一番届く方法で伝えられるスキルのことです。

いうまでもないことですが、どんなにいいアイディアや能力を持っていても、それを誰かに伝えられなければ、持っていないのと同じこと。その意味でこの『自己表現スキル』

は、自己ＰＲ力を高めるだけでなく、人間関係改善にも有用なスキルと言えるでしょう。

自己表現スキルが広げていく世界

ここからは、自己表現スキルを磨くことで、世界がどう広がっていくかについて説明したいと思います。

これからは誰もがプレゼン力が必要な時代になります。というのも、グローバル化で人材も多様化する中、「自分らしさ」を持って自分のスキルを売り込む力が、公私ともにますます必要になると考えるからです。面接などでの自己ＰＲはもちろんのこと、プレゼンやビジネス上の交渉でも、自分の一番伝えたいことを、一番相手に届く方法で伝えられるこのスキルは、子ども達の可能性を大きく広げ、新しい世界への扉を開く原動力になるでしょう。

また表現方法は、言葉だけとは限りません。ある人は音楽や演劇で、ある人は写真や動画で自分の伝えたいことを表現するかもしれません。また、絵画やデザイン、クラフトや機械などでの表現もあり得ます。大切なことは特定の手段にこだわることではなく、自分が一番使いやすい表現方法を見つけることです。そしてその表現方法の模索は、自分の個性を発見する一助にもなり、世界をより押し広げていく原動力にもなるでしょう。

ただ、お気づきかもしれませんが、この自己表現スキルは他のいくつかのスキルと同様、日本人が苦手とするスキルのひとつです。その理由は、謙遜の美徳と同時に、自己肯定スキルの低さにあるのではないかと私は考えています。

実際に海外で暮らしていると、非常に高い能力を持つ日本人が、スキル的には劣るが、表現力が豊かな他国の方にチャンスを奪われている例をこれまで何度も目のあたりにしてきました。これからは日本国内でも多くの外国の方と共存していくことになるので、すべての子どもたちにしっかり鍛えて欲しいスキルです。

一方で『表現力』は才能や性格によるものが大きいからという声もよく耳にします。実際私も以前はそう考えていた時期もありました。しかし異文化の中でサバイバルするために、どうやったら自分の言いたいことを伝えられるかと試行錯誤するうちに、いつのまにか驚くほど自分の表現力が伸びていることに気づき、考えを改めました。

『表現力』はあくまでひとつのスキルにすぎません。そしてすべてのスキルは「訓練」を積むことで、後天的にいくらでも伸ばせるのです。この表現法を伸ばすためには、まず子どもにとってどのような表現方法が適しているのかを、親子で考えることから始めてみましょう。お子さんが無理なくできる方法から始め、ひとつの得意な型を作れると良いですね。例えば論理的なお子さんなら、アカデミックスタイルのプレゼンの型を学んでみる。感性豊かなお子さんなら、写真や絵、動画などをふんだんに使った視覚的なプレゼンの型にする。場合によっては、ちょっとした劇のような形式で始めてみてもよいかもしれません。方法は１００人いれば１００通りあって良いのです。まずは子供に適した方法を親子でみつけ、あとは経験を重ねながら一つひとつ学んでいけばいいと私は考えています。

キーワードは3つ

ではこの『自己表現スキル』は、どのように育てていくべきなのかについて説明します。キーワードは３つ。「段取り力」、「共感力」、「表現力」です。

まずはひとつ目の「段取り力」の育成から。これは「型」の習得と「要約」の練習が効果的です。

海外ではエッセイを書くとき、最初の段階でエッセイの書き方を何度も何度も練習します。おかげで小学生でも、「序論―本論―結論」のフォーマットをきちんとマスターしているのです。一方で内容はオリジナリティあふれ、まさに千差万別。これは将来の学術論文やプレゼンテーションをすることを意識した準備。つまり、「型」は真似て「内容」を変えることから始めるのです。

さらに、「要約」の訓練を繰り返して情報整理をする力を養うことも、段取り力をつけるには必要です。要約というとすぐに国語の「要約問題」をイメージしがちですが、そんなに堅苦しく考える必要はありません。ただ普段から「要するに何が言いたいの？」と考える習慣をつけるだけでいいのです。集めた情報をもとに何かを伝えたい時、自分が伝えたいことが何かを明確にすること＝要約と考えればわかりやすいでしょう。

「段取り力」が身についてきたら、次はいよいよ自分なりの表現を考えるステップに入ります。ここで重要になってくるのが、人の感情を学ぶ練習です。つまり、「共感力」の育成ですね。

自分なりの表現を考える時に、一番注意すべきは独りよがりなものにならないということです。どうやったら相手にきちんと伝わるかを考えるのです。その時必要なのが、相手の心情つまり、相手が「どう感じるか」を理解することです。この訓練は多くの人間関係を経験する他にも読書や映画の疑似体験などでも行えます。ぜひたくさんいい本や映画を見て、心を豊かにしていく時間を増やしてください。

人々の心情が理解できたら、いよいよ最後の「表現力」育成の段階です。何をどのような形で伝えるかを学んだら、あとは発表などを通して実際に実践することです。できる限り多くの経験の中でしか、この「表現力」を体得する方法はありません。ここで私が一つお勧めするのは「演劇」です。海外では必修になっていることが多いこの科目は、自分の表現力を磨くためには最適です。機会をみて試してみてはいかがでしょうか。

15

スキル⑦『グローバルコミュニケーションスキル』多様な社会で共存できる

異なる価値観の人々と共存していくために必要なスキル

これからの未来を象徴するキーワードは「多様化」だと私は考えています。人々の考え方はもちろんのこと、仕事の仕方や生き方に至るまで、様々な分野で「多様化」が広がっています。そしてその多様化は、これまでのような伝統的な「以心伝心」のコミュニケーションを困難にし、もっとしっかり自分の意思を主張し合い、話し合いを通じて折り合いをつけながら共存していく社会への変化をもたらすことでしょう。

実際に移民が多い海外では、この現象が日常的に起こっています。異なる文化的バックグラウンドが違う人々が同じ場所で生きていけば、誤解や意見の衝突は当然起こるもの。それでも同じ人間としてきちんと意見を交わし、譲れるところは譲り合って、共に支えあって生きています。

価値観が多様化すれば、日本人同士でもこれまで以上に意見や考え方の差は広がっていくでしょう。またグローバル化はローカルコミュニティにも多様性を持ち込むので、日本国内でも今後ますます多様化は進んでいくはずです。だからこそこれからは、海外に出るか否かは関係なく、すべての子どもたちにとってこの、意見や考えが異なっていても、お互いに歩み寄り、理解し妥協し合って共に生きていける共存力＝『グローバルコミュニケーションスキル』は必要になると私は考えています。

この『グローバルコミュニケーションスキル』は、3つの要素から構成されています。それは『語学力』と『交渉力』、そして『受容力』です。

多文化の価値観を理解することは、日本国内に住んでいく上でも大切です。そしてそれを可能にするのは、その文化について、直接読んだり聞いたりして理解できる『語学力』です。また異なる価値観の人々と議論できる『交渉力（タフネス）』も必要です。粘り強く相手の話を聞き、自分の意見もしっかり伝える。そんなタフな能力が妥協の前提となります。さらにその上で、互いの違いを認め、受け入れる『受容力』を持つ必要がありま す。互いに認めあい、受け入れ合ってこそ、真の共存が図れるはずです。

自分の居場所を見つけ、世界に貢献するために

では実際にこのスキルは、どのような場面で必要になるのかについてみていきたいと思います。ここでは国内で必要な場面と、海外で必要な場面に分けて考えてみましょう。

まず国内で『グローバルコミュニケーションスキル』が一番重要となる場面は、就職後の職場においてでしょう。いやいや、そんなことを言っても外国人が働くような企業はごく僅かでしょう、という時代は、もう終わりを告げようとしています。外国人労働者が増えている街にお住いの方なら、すでに実感し始めていることと思います。

2016年における日本国内在住の外国人数は250万人をうかがう勢いで増加しており、外国人労働者数も110万人に達しようとしています。人口が減少する一方の未来では、全人口に占める外国人の割合は増加の一途をたどることでしょう。そしてこうした社

会の中で今の子どもたちが外国人と接し、共に働く機会がますます増えていきます。

そのような環境では、先ほどお話ししたような文化的壁が原因で起こる、さまざまな摩擦が生じ得ます。その時「外国人だから」と距離を取る人と、理解しようと歩み寄る人の間には、大きな可能性の差が生まれるのではないでしょうか。

また、文化的な違いを理解するには、彼らの文化を直接彼らの言葉で聞き取り、話すことが一番有効。そのためには、彼らの言葉を理解する「語学力」が必要ですし、その言葉を使って実際に話し合い、理解し合うことが重要になります。多様化が進む国内でも、これからはますますこのスキルを持った人材が必要とされていくことでしょう。

さらに入試の場面でも、このスキルは活躍します。なぜなら集団討論などで、外国人の生徒と一緒になる機会が今後増えることが予想されるからです。また入学後も、増え続ける外国人留学生が多様なキャンパスを形成していくでしょうから、その中で学生生活を送っていく際にも有用なスキルと言えます。

一方で海外での活用場面は、まさに限りなく広いものとなります。生活のあらゆる場面で文化的な壁に向き合うことになる海外生活では、このスキルはサバイバルに必要な、まさに必須のもの。また、後述しますが、現在文部科学省が行っている留学生増加プロジェクトや公的な奨学金を積極的に利用して海外校へ短期留学するのもスタンダードになって行くことが予想されます。その意味でもこれからの子ども達には、是非ともに身につけて欲しいスキルだと思っています。

自ら世界を広げる

最後に、この『グローバルコミュニケーションスキル』の育て方について説明しましょう。以前お話しした3要素、「語学力」「交渉力」「受容力」について、個別にお話しします。

まず「語学力」ですが、語学はコミュニケーションの「道具」であることを深く自覚させ、「意思疎通ができるか」を最優先項目とすることから始めましょう。つまり「正しく自分の意見が伝えられるか」「相手の意見を正しく理解できているか」を、語学習得過程の判断基準として学習を進めるのです。

この意味で、文法の間違い探しや似た意味の文になるような穴埋め、答えが一通りにあるような条件付き英作文などはナンセンスです。間違いを気にせず、どんどん使っていく中で身につけていくことが重要なのです。

また英語を「学ぶ」時、初めは日本語が堪能な「海外育ちの」バイリンガル教師から学ぶのが理想です。外国人ネイティブ講師と学ぶのは、ある程度英語が使えるようになってからがベターです。それは自分の伝えたいことを日本語で説明し、それを正確に英語でどう表現するかを教えてもらえるからです。

なおひとつ付け加えると、発音だけ綺麗になっても、英語の上達にはあまり大きな意味はありません。重要なことは発音の綺麗さではなく、言いたいことがきちんと伝えられるかどうかだからです。また、世界で使われている英語の半分以上は、ノンネイティブの母国語なまりがある英語であることからも、発音重視の学習はあまり意味がないとおわかりいただけるのではないでしょうか。この意味で、いい発音を身につけるためだけに幼少期に親子留学に行くことはお勧めできません。

次に「交渉力」ですが、これればかりは実践の中でしか身につけられません。外国人と交流できる場所へどんどん出向いたり、街で働く外国人と話してみたりするのがオススメです。東京都には、英語だけで過ごせる「英語村」という場所ができています。こうした空間は今後ますます増加するでしょうから、どんどん活用していきたいものですね。

最後に、「受容力」ですが、ある程度英語を学んだら、外国人向けのボランティアなどのどんどんアウトプットする環境を与えるのがいいでしょう。ご自宅に部屋のゆとりがあるなら、ホームステイを受け入れるのもオススメです。また、学校のＡＬＴの先生と積極的に触れ合ったり、交換留学生が多い学校を選択したりするのも有効な方法だと思います。

16 7つのスキルの活用法と育てる順番

自己実現を可能にする7つの未来型スキル

さて、ここまで7つの『21世紀型スキル』についてお話ししてきましたが、イメージはつかめたでしょうか。ご家庭で、親が実際にどうやって各スキルを育てるべきかについては、章を改めて詳しくお話ししますが、ここでは未来型スキルを身につけた子どもが、どうやって自己実現をできるかについて、Nさんという一人の女の子の一例を挙げて見ていきましょう。

Nさんはごく平凡な小学生でしたが、ご両親がとにかく「自分の好きな道を行きなさい」と言い続けてきたため、ずっと興味の湧くことに挑戦していました。成績は決していい方ではありませんでしたが、ある時自分が変わった街の風景の絵を描くことが得意で、何かを作って人を喜ばすのが好きだと気付きました。つまり自分の情熱と才能を自覚して、どんなことがしたいかを自由に思い浮かべる＝自己肯定スキル＆創造的発想スキルが身についていたのですね。

自分が好きなことがわかったＮさんは塾をやめ、アート教室に通うようになりました。この時点で、中学受験は断念したそうです（両親は喜んで同意しました）。この判断では、得意でもない勉強で中くらいの私立に行くなら、自分の好きなことを磨いたほうがいいと考えたと聞きました。つまり、自分の理想に基づき、今自分が何をすべきかを論理的に考える＝論理的思考スキルを活用したのです。

公立中学に進学したＮさんは、将来について考え始めました。従兄弟のお姉さんが通っている東京の大学の友人ともＳＮＳで繋がり、彼女が専攻している建築学について色々教えてもらい、それに基づいてインターネットでさらに調べを進めました。また辞書を片手に海外のサイトも調べたり、さらに先生や両親の意見を聞いたり、本や雑誌などを参考にしたりしながら、最終的に都市建築という仕事を見つけたのです。

その後彼女は都市建築が学べる国立大学を志望校にし、将来に備えて理科の学習とデザインの勉強に打ち込める環境が必要だと考え、スーパーサイエンス校に指定されている美術部の活動が盛んな私立高校に進学しました。

そしてここで美しい都市建築にはもっとデザイン力が必要だと自覚し、志望校を美大に変更。志望していた国立大学は美大卒業後、大学院で行くことにしようと考えました。彼女はテクノロジーを活用して情報を集め、それを複眼思考で分析し、自分のゴールを設定しています。つまりテクノロジーリテラシースキルと分析的判断スキルをフル活用したのですね。

美大卒業後は世界の都市を学びたくて、奨学金をとって1年の海外留学も経験。語学を磨くと同時に、視野と人脈も大きく広げました。帰国後は志望の大学の大学院に入学して都市建築を学び、卒業後無事、多国籍のデザイナーが在籍する都内の都市デザイン建築事務所に入社、キャリアをスタートしています。これからはきっと、グローバルコミュニケーションスキルや自己表現力がますます活きるでしょう。

なんだか絵に描いたようなサクセスストーリーに見えますが、彼女は高校の3年間以外は私立の学校には通っていません。海外留学も奨学金で行っていますので、ほとんどお金をかけていないのです。

実はこれは、私が実際にお会いした、一人の実在する女性の物語です。彼女のお話を聞いた時、私は自分の考えていた未来型スキルの使い方のお手本を見せられた気持ちになったことを覚えています。

ここで考えてみてください。彼女がもし、未来型スキルを持ち合わせていなかったら、果たして彼女はこんなキャリアを手に入れられたでしょうか。ごくごく平均的な成績で、勉強も得意でなかった彼女が、明確な夢に向かって主体的に学校を選択し、留学までして学び続けたでしょうか。もちろん絶対にできなかったとは言いませんが、塾に通い続けてそのまま中学受験をし、6年間ありふれた学生生活を送り、また流れに乗って偏差値が少しでもいい大学に進学した可能性も決して低くないと思うのです。実際にこれまで指導をしてきた生徒たちも、明確に自分の夢から大学などの進路を選んだ子ども達は少数派です。目標がないから、少しでも就職に有利になるように、名の通った偏差値のいい大学に進んでおこう。この選択は未だに、大半の生徒が下している「当たり前の選択」だと思います。

しかし、多様化する未来では、自分軸を持っていなければ容易に流され、道を見失う可能性があります。変化し続ける環境の中でも、自分の目標を明確に意識し、実現していく手段を探し出せる力が求められるでしょう。7つの未来型スキルは、それを可能にする有効な手段なのです。

7つのスキルは、一緒に育てるから効果が期待できる

このように自己実現にも有効な未来型スキルですが、その育成には少し注意してほしい点があります。それは正しい順序で育てなければ、育ちにくいスキルもあるということです。そこでここでは、各スキルの特性と相互の関係性について、簡単に整理しておきたいと思います。

7つの未来型スキルは一見バラバラで独立したスキルに見えますが、実際には相互に連動しているため、うまくセットにして伸ばしていくのがコツです。

繰り返しになりますが、すべてのスキルの礎になるのが『自己肯定スキル』です。まず

は自分自身を客観的に理解し、自分を信じられることが出発点となります、例えば創造的発想スキルを伸ばそうとしてテクニックを身につける（塾などで考え方を学ぶ）トレーニングを積んでも、自分が信じられず、間違いを恐れている状態＝自己肯定スキルが低い状態では、自由で独創的な発想やアイディアはなかなか浮かびません。

また『創造的発想スキル』が未発達な状態で『論理的本質思考スキル』を伸ばそうとしても、自由なアイディアが浮かばないと思考が硬直化し、ステレオタイプの思考に終始する恐れも起こります。

さらに、テクノロジーに詳しく、さまざまな情報を集めることが得意＝テクノロジーリテラシースキルが高い状態でも、情報の信憑性を判断したり、集めた情報を整理して論理的に分析、判断したりできなければ（『分析的思考スキル』『論理的本質思考スキル』が低い）、そのスキルをあまり有効に活用できないでしょう。

これは『グローバルコミュニケーションスキル』についても言えます。語学力だけを伸ばしても、異なる文化を理解したり、その語学を使って自分の言いたいことをしっかり考え、どう表現するかを知らなかったりすれば（自己表現スキルが低い状態では）、せっかくのスキルも宝の持ち腐れになってしまうのです。

このように、それぞれのスキルは相互に補完し合い、「未来型スキル」として機能します。そのため、育てる順番はもちろんですが、すべてのスキルをできるだけバランスよく育てていくことが大切です。

もちろんそれぞれの子どもの性格や能力によってスキルの伸びには個人差がありますので、あまり無理をせず、じっくり時間をかけて少しずつ伸ばしていくようにしてください。

７つのスキルを育てる４つのステップ

では７つの未来型スキルは、具体的にはどのような順序で伸ばしていけばいいのでしょうか。私は以下の４つのステップを順に踏んでいくのがいいと考えています。

第1ステップ　**自己肯定スキル→創造的発想スキル**

第2ステップ 論理的本質思考スキル

⬆

第3ステップ 分析的判断スキル↓テクノロジーリテラシースキル

⬆

第4ステップ 自己表現力スキル↓グローバルコミュニケーション力

第1ステップは自己肯定スキルからスタートです。大好きなことをたくさん経験し自分を好きになり、自分が望むことや得意なことに気づき、間違いを恐れずに挑戦できる子です。その上で多くのクリエイティブな経験を積ませる中で『創造的発想スキル』を育てましょう。

第2ステップは、第1ステップの2つのスキルが身についてからスタートします。具体的には子どもが自分の「好き・才能」を自覚し、挑戦を楽しみ、アイディアをどんどん出せるようになることです。その上で日常の生活の中で起こる問題の原因について考える訓練＝『論理的本質思考スキル』を始めましょう。「なぜそうなるの?」「そもそも何が原因？」という因果関係を意識させることが大切です。

第3ステップに進む基準は、子どもが自信を持って問題に向かい合う姿勢が見えてきたかどうかです。そこをクリアしたら、普段の学習をリサーチ型に切り替えていき＝『分析的思考スキル』の育成、コンピュータの積極利用＝『テクノロジーリテラシースキル』を始めましょう。この時、テクノロジーとの付き合い方のインプットを忘れずに！

そしてテクノロジーを使ったリサーチ型学習に慣れてきたら、適切な環境の元でいよいよ最後の第4ステップです。テクノロジーを利用した積極的な発信をしていきましょう。最初は学校や友人、家族に向けて、その後、徐々に世界に向けて発信し、多様な価値観を持つ人々とのリアルな交流も重ねて、『自己表現スキル』や『グローバルコミュニケーションスキル』を伸ばしていくのです。

子どもの年齢や発達段階に応じて4つのステップを順に上がっていき、一旦第4ステップまで達したら、あとは子どもの自主性に任せましょう。必ず自分で成長していけるはずです。

17 ７つの力を育てるために効果的な環境とは？

７つのスキルを伸ばす環境作り

これまでの説明で、７つのスキルはさまざまな環境でより多くの経験を積むことを通し、バランスよく伸ばしいくことが大切だということがおわかりいただけたと思います。そこでここでは、その環境作りの重要さについて、少し補足したいと思います。というのも、環境によってスキルの現れ方や伸び方が変わることも多いからです。

まず考えたいのは、家庭（保護者）と教育機関（学校や塾の先生）の連携です。これからテクノロジー化が進んでいくので、学校と家庭の連絡にもより利用されていくはずです。実際に海外では、学校情報の共有にＳＮＳやメールなどを積極的に活用するなど、テクノロジーを使った先生と保護者のコミュニケーションが盛んに行われるようになってきています。

まずは学校や塾の先生と、子どもの様子について十分にコミュニケーションが取れているかを確認してみましょう。その時、７つのスキルを育てる４つのステップを思い出し、今自分の子どもがどのスキルを伸ばす段階にいるのかを意識することが大切です。

家庭環境によって、伸ばしやすいスキルと伸ばしにくいスキルがあるのは当然のことです。親自身が得意なこと、苦手なこともご家庭によってまちまちでしょう。それをすべて親自身がやらなければと考える必要などありません。家と教育機関という、異なる環境から子どもを見守る両者が役割分担をすることで、互いが伸ばしにくいスキルの育成を補完し合い、子どもがすべてのスキルをよりバランスよく伸ばす可能性が広がっていくのですから。

また、学校や塾の授業はもちろんのこと、これからは課外の活動を幅広く積むことも、未来型スキルの育成にとても有効です。ボランティア活動や地域のお祭りへの参加、地域のスポーツチームやＮＰＯへの参加など、可能な限り幅広い活動に積極的に参加することで経験値を重ねてみてください。きっと未来型スキルを伸ばそうとする子ども自身の意欲にもつながり、実際にスキル育成の原動力になっていくはずです。そしてそうしたさまざまな環境の相互作用の中から、バランスのとれたスキルを身につけた子どもが生まれると私は信じています。

大人自身が学び続ける姿を見せよう

7つのスキルを説明してきたこの章の最後に、私自身がこれまでの指導や最近の指導を通して、つくづく実感していることをお伝えしたいと思います。それは、「子どもは環境で育つ」ということです。

学ぶのが好きな子どもに育てたければ、学びが喜びとなる環境を与えましょう。そしてその一歩は、家庭から始めるべきだと私は考えています。つまり親自身が学ぶことを楽しむようにするのです。

これからの時代を生きる子どもたちにとって、学生時代に身につけた知識や資格だけで仕事をしていくのは難しくなるでしょう。それはテクノロジーの進化によってどんどん新しい知識や仕事が生み出され、それらを学び続けていくことが求められるようになるからです。つまりこれからは、「生涯学び続けていく人＝Long life learner」を育てることが重要になるのです。そしてこれは世界的にみても主流の考え方と言っていいと思います。

しかしLong life learnerは、一朝一夕では育ちません。子どもの時から知ることの楽しさ、考えることの楽しさに接して初めて、学び続ける喜びを知るのです。そのためにはまず、教師や親が学び続ける後ろ姿を示し、学ぶことで成長する喜びを伝えることが必要です。

子どもは私たちが考えている以上に、いつも大人の背中を注意深く観察しながら成長しています。「学びなさい」「勉強しなさい」と指示するだけで大人が行動しなければ、子どもは決して動こうとはしません。子どもに学んでほしいと願うなら、まず親や教師が率先して学んでいきましょう。言葉を減じて行動で示すことが大切なのは、今も昔も変わりません。

そのためにもまず私たち大人自身が、学び続けることで世界が広がり、人生が豊かになっていくことをもっと実感していきましょう。日進月歩で進化し続けていく世界やテクノロジーについてもっと興味を持ちましょう。新しいスキルや知識を、大人が率先して学び、未来を少しでも考えていこうと努力している姿勢を示しましょう。そうした積み重ねこそが、子どもたちに何よりも大切なのです。

これからは「知っていること」だけでは足りません。大人自身が「何を知っているか」ではなく、「何ができるか」を示していくこと。それこそが未来型スキルを育む最高の環境作りだと私は考えています。

第3章

2020年以降の教育と広がる選択肢

18 2020年問題で何が変わる？

高大接続と大学入試

さて、ここからは、2020年を境に大きく変貌する教育について概観していきたいと思います。

はいはい、また教育改革、2020年問題ね、ニュースや雑誌で聞いてもう知っているわ、というあなた、ちょっと待って下さい。本当に今回の教育改革の本質をご存じですか。

今回の教育改革は、過去に行われたゆとり教育などの改革とは一線を画したまったく異質のもので、センター試験がなくなって記述式が変わるなどという単なる形式の話ではないのです。

これまで行われてきた数々の教育方針の変更は、あくまで小・中・高校の教育といういわばプロセス部分のみの修正にすぎませんでした。そのため、いくら学習指導要領を変更しても、大学入試という出口は変わらなかったため、結局入試直前には従来の受験勉強に戻り、新しく始まったシステムには誰もが必死になることはありませんでした。また、大学入試では入学試験の成績のみで合格できたため、高校の学習は軽視されがちだったのです。

しかしそれが今回は、その「出口」にあたる大学入試の形が変わろうとしています。センター試験が廃止されて記述式も含む新試験に変わるだけではなく、小論文や集団討論、プレゼンといったアウトプット型の個別試験が増え、高校時の成績や課外活動も問われるなど、根本的な転換が図られようとしています。その結果必然的に、高校での学習や生活自体を変えざるを得なくなることでしょう。

また、この高校での学習の変化は高校入試の形をも変え、結果として中学の学習も変わり、それは小学校の学習内容にも影響を与えます。つまり、今回の大学入試改革は、日本の教育制度を根底から変えようとしているのです。これはまさに「新しい教育」への方向転換であり、日本で学ぶすべての子ども達に直接関係する「戦後最大の大改革」と言えるでしょう。

これまで切り離されていた大学教育と高校教育を有機的に繋ぎ、大学で学習するための基礎学力を高校教育で養わせる目的で進められている「高大接続」改革。どうかこの改革の本質を決して見間違うことなく、新しい教育に適応する学力の育成にしっかりと舵を切っていってください。改革はもう目の前に迫っているのです！

変わっていく大学入試制度（AO入試の拡大／国際バカロレア）

では具体的に大学入試はどのように変わろうとしているのでしょうか。

まず、これまでと大きく変わった点は、国が、大学側に、教育内容と求める学生像の明示を義務付けた点です。これをアドミッション・ポリシーと言います。これからは大学を探す際に、必ず確認をすることが必要です。なぜならそこには、その大学で何を学べるかが示されているだけでなく、入試で問われる学力の中身も示されているからです。つまりこれからは、学生が自分の目標をあらかじめ定め、そのためにどんな学びをしたいかを決めて、アドミッション・ポリシーとそれを比較しながら学校選びをしていく時代なのです。

また、センター試験に変わって２０２０年度から導入される大学入学準備テストでも、記述問題が導入されますね。サンプル問題も公表されていますので、大学入試センターのＷｅｂページからぜひご覧いただきたいのですが、これまでの単なる要約問題とは異なり、論理的に自分の意見を求める問題が出題されるなど、新しい時代に対応する学生の選抜にふさわしい内容になっています。

さらに注目したいのが、国立大学入試改革です。これまで、センターと二次試験での選抜がメインだった国立大学が、今後は実に定員の30％以上をＡＯ入試で選出する方向で現在調整が進んでいます。

ご存知の方も多いと思いますが、ＡＯはアドミッションズ・オフィス（Admissions Office）の略で、ＡＯ入試は受験生が先に紹介したアドミッション・ポリシーに合致しているか、学びへの意欲や関心、適性を有しているかといった点を重視して選考する入試のことです。同入試では小論文や集団討論、面接やプレゼンといった意見表現型の試験が中心となり、受験準備法が従来とは大きく異なります。また、内申や課外活動も評価対象ですので、高校の過ごし方も変えていく必要が出てきます。

さらにアクティブラーニングの世界標準といってもいい、50年以上の歴史を持つ国際バカロレア資格（以下、ＩＢ資格）を活用した入試もスタートしています。詳しい内容は後述しますが、ＩＢ資格取得者には、国立医学部も含めた広い選択の道が開かれ、試験も小論文と面接のみでＯＫという大学が多くあります。入学後の生徒の学業成績も良好という報告も上がっており、今後同入試の拡大も予想されます。これからの入試情報には常にアンテナを張って、しっかりと情報収集をしていきましょう。

英語試験は世界基準に～民間資格活用へ

新しい入試制度では、英語の試験も大きく変わります。これまで「読み」「書き」「聞く」の3技能を審査してきましたが、試験で測れる英語力が実践的でないという指摘を受けてきたことは、読者の皆さんもご存知だと思います。

しかし今回の大学入試改革で、ついに海外で英語運用能力の基準となっているCEFR（セファール：Common European Framework of Reference＝ヨーロッパ言語共通参照枠）

の基準を採用し、いよいよ世界基準の英語力審査に移行していくことになりました。今後日本でも本格的に始まっていくであろう社会のグローバル化を前に、日本の英語教育が世界標準に合わせられたことは、非常に良い傾向だと思っています。

今回の入試改革で変わる点は、大きく分けて2点です。1点目はスピーキング試験の導入。もう1点は、段階的に民間資格に移行していくという点です。以下、それぞれについてもう少し掘り下げてお話しましょう。

まずはスピーキング試験の導入から。日本人にとって、スピーキングが苦手であることはこれまで大きな課題でした。しかしその課題に対して、十分な対策をしてきた人は決して多くなかったことでしょう。その理由は入試で要求されず、卒業後に必要とされる英語の資格でも、スピーキングがそれほど重視されない英検やTOEICが中心だったからです。

しかしこれからは大学入試で問われることになるわけですから、高校教育の中でなんとか身につけなければなりません。また東京都では、都立高校の入試にスピーキングを導入することを検討中とのこと。追従する自治体が出てくるのは必死で、今後小学校や中学校でも英語教育のあり方が議論されていくことになるでしょう。

2点目は民間資格への移行についてです。当面は大学入学準備テストとの併用が予定されていますが、最終的には既存の民間資格（TOEIC、TOEFL、英検など）に移行していく方向で決まっています。これからは率先してこうした民間資格に挑戦していくようにしたいものです。

なお、受験する資格ですが、私としては海外でも認知度の高く、4技能をしっかり測れるTOEFL, IELTS, ケンブリッジ英語の受験をお勧めします。英検やTOEICは海外ではあまり知名度が高くなく、スピーキングやライティングを十分図りきれない面もあるので、あまりお勧めしません。最も、小・中学生の、英語試験への入り口としてはいいかもしれませんが。

新時代の入試が求めるのは『知識を持ち、他者と協力してそれを活用できる生徒』

これまでお話してきたような入試制度や英語入試の変更は、変化が著しい世界に適応するスキル＝学力を持っている生徒に入学してきてほしいという私たちへのサインです。それは一言で言うなら、「何を知っているか」だけを問う入試から、「何ができるか」「何をしたいか」まで問う入試への転換ということができるでしょう。これはまさに、私が受験指導時代から待ち望んでいた入試制度です。

ここでしっかり確認していただきたいのは、〝「何を知っているか」だけを問う入試から、「何ができるか」までを問う入試への転換〟と表現したことです。決して「何を知っているか」から「何ができるか」への転換ではないという点に注意しましょう。

何が言いたいかといえば、今回の入試改革で「知識」が問われなくなったということではなく、「知識」を持った上でそれをどう使うかまで問われるようになったということです。この観点からも、アクティブラーニングでは知識は不要というのは完全な誤解だとわかっていただけるでしょう。

そもそもアクティブラーニングという教育スタイルは、激変する社会に対応できる人材を確保したい産業界からの要請で始まったシステムと聞いています。つまり社会に出てから、子ども自身が「仕事」を得て自立的に生きていくために必要なスキル＝「生きる力」

を身につけるための教育システムなのです。

ただし、知識の習得はこれまで通り必要なのはその通りなのですが、その学びと記憶の仕方は異なったものになるのではないかと私は考えています。この点については、以下それぞれ簡単に補足しましょう。

まず、学びの形ですが、これまでは教わったことを「覚える」ことがメインの学びでしたが、これからは協働の学びを通して「活用できる形で理解し記憶する」形に変わっていきます。具体的にはリサーチやプレゼンなどの発表型学習を通じ、知識をより体系的に整理して学んでいくことになるのです。

次に、知識の記憶の仕方ですが、これまでの「細かな知識をもれなく暗記する」ことから、完全に覚えてはいないけれど、調べれば思い出せるレベルの知識を増やすことが重要になるはずです。教科書には載っていないような知識の記憶の必要性は減り、逆に思考・分析に使うための「基礎知識」を活用できる形で記憶することが重要になると考えています。

19 新しい入試が要求する〝力〟とは？

新学習指導要領が目指す力を知ろう

ここからは新しく始まる入試の中身を具体的に見ていきたいと思います。その出発点として、今回の教育改革後の新学習指導要領を概観しておきたいと思います。なぜならこの新学習指導要領の内容こそ、これからの入試制度の目指す方向性を明確に表しているからです。

では新学習指導要領は何を目指しているのでしょうか。以下、対応する7つのスキルと関連させて一覧にしますのでご覧ください。

1．知識・理解

対応するスキル⇓**論理的本質思考スキル／テクノロジーリテラシースキル**

／グローバルコミュニケーションスキル

2．思考・判断・表現

対応するスキル⇓**論理的本質思考スキル／分析的判断スキル／自己表現スキル**

3．主体的学習態度

対応するスキル⇓**自己肯定スキル／創造的発想スキル**

ではまず、以上3つの力について、順に簡単に説明しましょう。

1の知識・理解の部分については、基本的にこれまでの教育でも重視されてきた内容と大きくは変わりません。ただ、前章でもお話した注意点ですが、細かな知識にばかりこだわらず、基本的な知識の本質を、活用できる形でしっかり記憶すること、テクノロジーに関する知識と理解を深めていくこと、英語はリーディング・ライティング・リスニング・スピーキングの4技能をバランスよく育成すること、といったことが大切です。

２の部分は、これまでよりも大きくクローズアップされてきている部分ですね。情報を複眼的視点から分析し、それを論理的に考えて整理し、適切な表現方法で伝えるスキルが要求されます。

最後の３は後の学習で大きな役割を果たす「協働力」という視点です。自ら周囲に働きかけて、さまざまなアイディアを出しながら問題を解決するスキルが求められます。

次の項目から、この３つの力が新入試でどう問われるかを、もう少し詳しく見ていきましょう。

大学入学共通テストから見える、新しい「知識・理解力」の形

まず、「知識・理解力」に関する部分から説明していくことにします。参考になるのは、大学入試共通テストの問題です。ここでは新学習指導要領で重視されている「知識・理解力」がどのようなものかが具現化されています。

例えば、数学の問題では、従来の入試であれば公式を適用して答えを出し、それをマークシート欄にマークすれば済みました。こうした問題には一見、さまざまな思考が必要に見えますが、実際には「習うより慣れろ」で、公式や定理さえしっかり覚えれば、あとはパターン問題を繰り返し解くことで一定のスコアは必ず取れるようになります。現に予備校や塾に行ってセンター対策をすれば、必ずといっていいほど受けるアドバイスは「徹底して過去問題」を解いてパターンをつかみ、あとは類題をひたすら解くというものでしょう。

しかし、今回の大学入学共通テストでは、記述式のいわゆる「説明問題」が出題されることになっています。サンプル問題には、求める値の確認のために、定理をどう活用するかについての説明を求める問題が出ています。

ここからわかることは、これまでのように公式をパターンで覚えるだけでは不十分で、これからは定理がどのような性質を持ち、実生活の中で何を求めるために応用できるかまでしっかり理解することが求められているということです。つまり、定理の「活用法を理解する」ことが問われています。

こうした学習に対応するためには、今後はパターン問題に終始するのではなく、原理原則をおさえながら、その活用法を広く学んでいく必要があります。家庭でも普段から、学校で学んだ定理や原理が社会でどう活用されているか、本はもちろんのこと、インターネットで国内外の情報を調べたり、各分野の原理原則に詳しい人に問い合わせたりしながら、じっくり調べる習慣をつけていくようにするといいでしょう。

また、英語の試験に関しても、大学入学共通テストが大きく変化することが予定されています。大学入学準備テストでは、基本的に、センター試験の形式を踏襲して２０２３年度までは試験を継続予定ですが、同時にTOEFLなどの民間資格の結果が代用できるようになります。これは実施方法や採点方法上の制約で現状2技能（リーディング&リスニング）しか検査できない弊害をなくし、4技能（リーディング・ライティング・リスニング・スピーキング）をバランスよく測れることを目指したものです。なお、２０２３年度以降は民間資格に一本化されます。いよいよグローバルコミュニケーションスキルが必須になってきますので、今のうちから「実践的な英語力」を育成するための情報をしっかり集めておきましょう。

アウトプット重視型問題への転換が示す「思考・判断・表現力」の重要性

続いては、2つ目の「思考・判断・表現力」についてです。私立大学だけでなく国立大学でも広がっていくことが予想されるＡＯ入試や、変わっていく国立大学の個別試験（2次試験）から、見ていきたいと思います。

ＡＯ入試や今後の個別試験で予定されている入試形式は、いわゆる「アウトプット型の検査」です。具体的には小論文・集団討論・面接・プレゼン・スピーチなどがありますが、まずはこれらの試験の内容や試験で問われているスキルについて概観しましょう。

小論文はあるテーマについて、論理的に自説を説明する問題形式です。そこで問われるのは、問題の本質を見出し、仮説を立ててそれを既存の知識と与えられた資料を活用しながら検証し、自分なりの妥当な結論を導いて、それを論理的に分かりやすく説明できる能力です。つまり、ここでは作文力とはまったく異質なスキルが求められます。

また、集団討論とは、少人数のグループで、あるテーマについての議論を交わし、結論を出す検査です。ここでは正しくテーマをつかみ、問題の本質を分析しながら、チームのメンバーの能力をうまく引き出しつつ自分の意見を主張していく、そして、より現実的で効果的な結論を導いていく能力がみられます。

面接の内容については、説明の必要はありませんね。個別・グループ面接を問わず求められるものは、自分の経験や能力をPRする能力、自分を信じ、自分を客観視できる眼を持っているか、十分なコミュニケーション力と、他者との協働力があるか、などです。

スピーチやプレゼンは、あるテーマについて詳しく説明させる形式の検査方式です。ここで見られるのは、いかにわかりやすく正確に情報を伝えられるか。他の検査方式に比べ、より表現力が見られることになります。

以上の試験形式に共通して言えることは、「あなたはどう思う？」が問われるということ。これはパターン学習や暗記学習をどんなに繰り返してもカバーしきれない「現場での対応力」です。そしてそれこそが、柔軟な「思考・判断・表現力」だと私は考えています。

これは一朝一夕では身につかないものですので、入試に向けて長い時間をかけてじっくり育成する必要があります。これまでお話しした「論理的本質思考スキル」、「分析的判断スキル」、「自己表現スキル」を伸ばしていけば、自然に対策できる力ですので、心配は無用です。多くの経験を積みながら、じっくり落ち着いて各スキルを育てていって下さい。

「主体的な学習態度」を測る多彩な方向性

さて、最後3つ目の「主体的な学習態度」についてです。この力は実は測定が一番難しいものでもあります。実際に大学入学準備テストの形式では測りきれないため、個別試験による対応が予定されているほどです。

しかし、それでは今ひとつイメージがわかない方も多いかと思いますので、ここでは2つのキーワードを使って具体的に説明しましょう。それは「自主的な学び」と「協働力」です。

まず一つ目のキーワードである「自主的な学び」からお話します。この「自主的な学び」というのは、読んで字のごとく、自分から進んでどれだけ積極的に学んだかです。それは試験では測り難いですが、高校時代の活動による評価なら可能です。実際にいわゆる調査書だけでなく、さまざまな活動に関する報告書、推薦書などを参考にする方向性が確認されています。もちろんこうした姿勢やスキルは、面接やプレゼンで測れますが、最近では入学前に志望理由書や活動報告書を提出させ、実際に授業を受けさせてミニレポートを書かせるなどの取り組みも始まっています。

ここでもう一度確認しておきたいのは、こうした入試は大学のアドミッションポリシーを理解した上での受験が前提となるということ。アドミッションポリシーとは、各大学が作成、公開している「入学者受け入れ方針」のことで、受け入れる学生に求める学習成果がそこに示されています。つまり、何を学びたいかを生徒自身が明示し、そのためのスキルをこれまでどう伸ばしてきたかが問われるようになるということです。何のためにその大学に行くのかを高校在学時から考え、進路を絞り込んだ上で受験することが必要になるでしょう。

次はもう一つのキーワードである「協働力＝チームワーク」についてです。いうまでもありませんが、主体的な学びにおいて「協働力」は極めて重要なキーワードであり、社会に出てからもそのスキルは存分に発揮されるものです。このスキルを測る主な入試形式はもちろん、集団討論でしょう。

協働力にはバランス感覚がとても大切です。主張しすぎてもいけないし、迎合してもいけません。他者の意見をしっかり理解し、その主張の妥当性を判断しつつ、自分の意見をどう論理的かつ効果的に主張できるかがポイントとなります。そして何よりも大切なことは、ある問題の解決に関し、集団で結論を出せるか。限られた時間内で議論を結論に持っていくためのサポートやリード力があるのかが、多角的な角度から測られるのです。これこそ、自己表現スキルがフル活躍する場面といっていいでしょう。

20 新学習指導要領で学校の授業はこう変わる！

いよいよ始まる「アクティブラーニング」の学び どう進む？

さて、ここからは、２０２０年以降の学校の授業がどう変わっていくのかを、具体的に見ていくことにしましょう。ここでは、アクティブラーニング型の学びが定着している海外の授業内容の例も紹介します。「自主的な学び」のイメージを少しでもつかんでもらえたらと思います。

アクティブラーニングで一番大きく変わることとは、先生の役割でしょう。これまで先生の役割は「教える人」でした。教科書に沿って新しい知識を「教え」、考え方を「教え」、知識の使い方を「教え」てきました。そのため教え方が上手い先生が必要とされ、先生はさまざまな指導法を研究してきたのです。予備校にいる「カリスマ教師」と呼ばれる先生たちの授業を見れば、無駄がなく最小の努力で最大の成果が出るように緻密に計算された指導になっていることが理解できると思います。

しかし、これからの先生の役割の中心は、「教える」ことから「導く」ことに移ることになります。これまでの教師は教室での「指揮者」でしたが、これからは「司会者」になるといえばイメージが湧くでしょうか。

アクティブラーニングの探求型授業では子ども自身が自ら問題を見出し、子ども同士で協力して解決策を探し出せることを目指します。その中で教師に求められるものは子どもたちの学びをサポートすること。学びのヒントを与えたり、子ども同士でどうしても解決できないことにアドバイスを与えたりすることなのです。

私が実際に見ている海外の教室の様子を一つご紹介しましょう。そこでは「算数」で「割合」の学びが行われていました。まず先生が教室内の大きなスクリーンに問題を出し、その問題がこれまで習った知識だけで解けるかを問いかけます。子どもたちの発言を聞いた後、この問題を解くには新しい知識が必要なことを伝えた上で、解き方を知っている生徒に挙手を求めます。

3 2020年以降の教育と広がる選択肢

その後、挙手した生徒を中心に5人くらいのグループに分かれ、先生から与えられた問題に取り組みます。やり方を知っている生徒が他の生徒に教え、各自問題を解いていき、解き終わると先生を呼んで答えをチェック。ミスしていたら他のグループのところへ行って自分たちの解き方について確認します。授業の最後には各グループが自分たちの解法を発表。いくつか出た解法についてクラス全体で議論し、それぞれについてのいい点・改善点について意見を出し合います。そして、その内容をノートに「今日学んだこと」としてまとめ、授業は終了します。

いかがでしょうか。この授業を私が初めて見た時、すべての子どもに「居場所」のある授業だなと感じたのを覚えています。集団一律の講義型授業では、クラスで中位の生徒に合わせた授業をすることが多いもの。しかし、それはできる子を退屈にするだけでなく、ついていけない子を置き去りにする授業です。確かに補習やプリントで補うこともできますが、少なくとも講義が続いているメインの授業中、彼らには学ぶものはない時間になってしまいます。しかし、アクティブラーニングの授業では、できる子は「教える」ことで理解を深め、ついていけなかった子は「教わる」ことで知識を身につけます。また友達同士ですから、質問もしやすいようで、教え合いの時間は活発な意見の交換が見られました。すべての子が「学んだ実感を得られる授業」が、そこにはあったように思います。

ただ、誤解すべきでないのは、教師は新しい知識を何も教えず、すべてを子ども任せにするだけではないということです。教科書はこれからも残りますし、教科内容を「教える」授業も当面は残るでしょう。私が見た海外の学校でも、先生が説明をする「ワークショップ」という取り組みも同時に行われていました。ただ、先生が説明するだけの時間の割合が減少し、教師と子どももまたは子ども同士の対話によって学ぶ時間が増えるということです。そしてその先生の説明時間は今後テクノロジーの発達により、AIの役割に移っていき、自宅で動画を通して学ぶ「反転授業」が普及して、学校ではもっぱら教え合いや議論が中心の授業が展開されるようになっていくだろうと予想しています。

自宅で予習して授業に参加することで、授業中の学び合いへの興味も湧きますし、何よりも深い学びを追求できるようになって授業の効率も上がります。先生は子どもたちの学びをコーディネートし、その能力を引き出すことに専念できる。そのサイクルはきっと、未来の社会が求める子どもたちの才能と情熱を、今以上に引き出していくだろうと私は信じています。

アクティブラーニング活動の5つの柱

ではここでもう少し、アクティブラーニングの学びの内容について、形式面から説明しておきたいと思います。アクティブラーニング活動は、大きく分けて以下の5つの柱で成り立っています。入試に求められる力との関連も含め、順にお話ししていきましょう。

1. 学び合い

先ほど例に挙げた学び合いは、「主体的な学び」の根幹をなすものです。教えあうことはもちろん、お互いに協力して解決策を探す方法を学ぶことを通して、子ども達は社会が求める「協働力」を身につけることができ、集団討論の対策にもなります。

2. リサーチ

わからないことは先生に聞く、はそろそろ卒業する時期に来ています。発達するテクノロジーは、正しく使えば図書館をはるかに超える情報をいつでもどこでも瞬時に与えてくれます。子ども個人で調べる力をつけることはもちろんですが、他の生徒と協力して調べることを通してさらに深く多角的な情報収集ができるようになるでしょう。

3. エッセイ（レポート／小論文）

リサーチをした内容を、証拠を示しながら筋道立てて説明し、自分の意見を正しくまとめる練習をするのがエッセイです。レポートという簡単な報告形式のものと、自分の主張までしっかり述べる論文形式のものがあり、そのまま記述対策や小論文対策に直結します。

4. 討論（ディベート）

討論は意見を戦わせる中で、自分の意見を論理的かつ的確に伝える能力を育てることができる、とても有効な学習法です。事前に十分なリサーチをする、討論中は相手の話は目を見てしっかり聞く、ジャッジを尊敬するなど、事前にしっかりルールを伝え、そのルールはしっかり守らせることが求められます。集団討論や面接対策に有効です。

5. プレゼン／スピーチ

両者とも自分の意見を発表する形式の学びですが、主に言語のみでの発表なのがスピーチ、さまざまな表現方法を使うのがプレゼンです。これはアクティブラーニング学習の成果を示す学習で、社会に出てからも広く必要な「説明能力」を育てられます。入試でもプレゼンが増えて来ていますので、いい備えになることでしょう。

以上の5つの活動を通して、「自ら学ぶ力」をしっかり身につけていくことでしょう。

アクティブラーニングの評価方法

こうしたアクティブラーニングでは、これまでのような単純なテストの点数だけでは評価しきれない部分が多々あります。そもそも「主体的な学び」を評価できるのかという疑問もわいてくるでしょう。この問いに対し、上越教育大学教職大学院教授の西川純先生は、著書「アクティブラーニングの評価がわかる」の中で、以下のような提案をされています。

1. 評価基準を生徒に公開する
2. 評価基準自体を生徒に作らせる
3. 生徒自身に自己評価させる
4. 判断基準を示し、生徒の相互評価とテストスコアで決める

ここで、このうち3・4の二つについて取り上げ、海外での取り組みの例を挙げつつ、簡単に説明したいと思います。

まず3の「生徒自身に自己評価させる」、ですが、生徒の自己評価と聞いて、あなたはどう思いますか。それではごまかしが横行して、とても適正な評価など無理！　と思われませんでしたか。私も初め、そう思いました。しかし実際に海外の教育現場を見てみる

と、これが驚くほどきちんと機能していたのです。なぜでしょうか。

その鍵は「友達の目」。自己評価が終わった後、その自己評価シートをグループの他の生徒にもチェックさせていたのです。こうすることで他人の目を気にし、自己評価が自ずと厳しくなっていくのでしょう。また、この活動は自分自身を客観的に見つめ、評価する訓練にもなります。あまりにも低すぎる評価に対し、周囲の子がより高評価を与え、逆に自信を高めた子もいました。

もう一つは４の「判断基準を示し、生徒の相互評価とテストスコアで決める」についてです。この前半の「判断基準を示す」は先の討論の例で示したような「ルール」＝客観的な判断基準を事前に生徒に教えるということです。これにより生徒はどこに集中して学ぶべきかを理解し、自然と主体的に学ぶようになるのです。それを元に生徒同士が相互評価すれば、先ほどの自己評価と相まって、「子どもによる評価」ができるようになります。そして教師はそれと、知識の定着度を測るテストの点数を総合して最終評価を出せばいいというわけです。これは従来よりもはるかに多角的な視点からの評価といえるでしょう。

21 アクティブラーニングの世界標準「国際バカロレア」

国際バカロレアの歴史と展望

ここまで、アクティブラーニングで学校教育がどう変わっていくのかということと、アクティブラーニングの活動内容と評価方法について見てきましたが、いかがでしたでしょうか。共感された方もいらっしゃる一方、明確な手本もないままいきなりこんな大転換を図って本当に大丈夫？　と不安を覚えた方もいらっしゃるのではないでしょうか。

確かに海外ではアクティブラーニングが長く実践されていますが、それぞれの国内事情に合わせて実施内容に違いがあるのも事実です。その中で日本がどんな内容を実施していくのかについては、今後さらに検討が必要でしょう。つまり、今すぐこうすればいいという手本を、ある特定の国の教育内容から見いだすのは難しいということです。

このような状況の中、日本が最も手本にすべきと私が考えているのが、アクティブラーニングの世界標準ともいうべき「国際バカロレア」です。

国際バカロレアの歴史は意外に古く、始まりは１９６０年代のスイスにさかのぼります。はじめはインターナショナルスクールの生徒に世界共通の高校卒業資格を与えることを目的に始まりました。日本教育でいう「知徳体」のバランスが取れた、世界に貢献できる人材の育成を目指す「全人教育」は、その後、次第に世界に拡大し、２０１７年末現在、世界の１４０を超える国と地域に、４８００校を超える国際バカロレアの学校が存在しています。

日本でも、国が全面的にバックアップし、国際バカロレア校を２００校まで拡大することを目標に掲げています。

２０１７年末現在で一条校（学校教育法第1条に定められた「学校」）20校を含む全46校が認定され、今後も多くの学校の開校が予定されています。

国際バカロレアをおすすめする3つの理由

アクティブラーニングの成果を最大化したいのなら国際バカロレアである、と勧める理由は、大きく分けて3つあります。以下、簡単に説明します。

① 50年の歴史があり、教育システムが確立していて安心

国際バカロレアは、これまで50年間にわたり、言語や文化の異なる国々の中で実践されて来ました。そしてその間、さまざまな問題に合わせてシラバス（講義・授業の計画）や教育システムの改良が行われ、世界のどこにいても同じクオリティの教育が受けられるカリキュラムを構築して来ました。そのため、他の教育に比べて学校や教師の力量の影響を受けにくく、安心して子どもに与えられる教育といえます。それこそが「アクティブラーニングの世界標準」と呼ばれる所以であり、現在の日本のようにアクティブラーニングの黎明期には、このような実績のあるシステムを活用するのが賢明な選択だと私は考えています。

② グローバルな全人教育で、グローバル化する社会への対応力が身につく

地球全体に関わるグローバルな問題を学ぶことは、今後の世界を生きる子どもたちにとっては必須の事項です。そして、その学びには自国の利益だけにこだわらない「中立的視点」が求められますが、各国の公教育でその中立性を確保するのは必ずしも簡単ではありません。その点、国際バカロレアでは、国や民族を超えた普遍的な視点から地球規模の課題に取り組むため、グローバル人材に欠かせない「高度な中立性」を身につけやすくなるのです。

③ 世界中の大学への進学はもちろん、国内大学への進学にも有利

国際バカロレアをおすすめする最後の理由は、極めて現実的なもの、つまり進学への有利性です。国際バカロレアはこれまでの実績を高く評価されており、ハーバード大やオックスフォード大といった世界の一流大学でも広く受け入れられています。国際バカロレアで一定以上の成績を収めた生徒は、大学の単位を一部免除されたり、速習コースへの入学を許可されたりするなど、さまざまな特典も受けられるのです。

また、現在国際バカロレアは、国の後押しを受けて拡大しているため、国内の大学も続々と国際バカロレア特別入試を採用し始めています。筑波大学などは医学部を含めた全学部に国際バカロレア入試を実施していて、生徒の入学後の成績も良好との報告もあります。今後もさまざまな国私立大学でさらなる枠の拡大が予定されていますので、情報収集をしっかりしていきたいものです。

このように、さまざまなメリットがある国際バカロレアは、現時点で最も信頼性が高く、入試にも有用なアクティブラーニング教育システムといえます。次からはそのシステムの具体的な内容について概観していきます。

国際バカロレアの目指すものと具体的なプログラム内容

国際バカロレアは、年齢に合わせて以下の4つのプログラムで成り立っています。

1. 初等教育プログラム（PYP＝Primary Years Program／3～12歳対象）
2. 中等教育プログラム（MYP＝Middle Years Program／11～16歳対象）
3. ディプロマ・プログラム（DP＝Diploma Program／16～19歳対象）
4. キャリア関連プログラム（CP＝Career-related Program／16～19歳対象）

日本では、キャリア関連プログラムは実施されていませんし、初等中等教育も普及の途上にあるので、ここでは大学入試に直結する2年間プログラム（高2～3の期間）であるディプロマ・プログラムにフォーカスを当てて、プログラムを概観したいと思います。

まず特筆すべき点として挙げられるのは、国際バカロレアではすべての学びのゴールが、以下の「10の学習者像」という形で明確にまとめられていることです。

・**探求する人**（Inquirers）
・**知識のある人**（Knowledgeable）
・**考える人**（Thinkers）

・コミュニケーションができる人（Communicators）
・信念を持つ人（Principled）
・心を開く人（Open-minded）・
・思いやりのある人（Caring）
・挑戦する人（Risk-takers）
・バランスのとれた人（Balanced）
・振り返りができる人（Reflected）

注目すべきはこれが単なるスローガンにとどまらず、具体的な教育内容の隅々にまで行き渡っている点。つまり、生徒たちをその10の要素が統合された学習者にするため、国際バカロレアは実践的な「全人教育」を提供しているのです。

それはディプロマ・プログラムの内容にもはっきりと現れています。ディプロマ・プログラムでは、言語・文学（母国語）、言語・文学（外国語）、個人と社会、理科、数学、芸術の6分野をバランスよく学ぶことが求められており、一部の例外はあるものの、日本のように私立文系に行くので数学や理科は高3では学ばないというようなことは許されません。また、知識の習得と活用力を育成する6分野に加え、以下の3内容も必修です。

・課題論文（EE：Extended Essay）

履修科目に関連した研究分野について個人研究に取り組み、研究成果を４０００語（日本語の場合は８０００字）の論文にまとめる。

・知の理論（TOK：Theory of Knowledge）

「知識の本質」について考え、「知識に関する主張」を分析し、知識の構築に関する問いを探求する。批判的思考を培い、生徒が自分なりのものの見方や、他人との違いを自覚できるよう促す。最低１００時間の学習。

・創造性・活動・奉仕（CAS：Creativity/Action/Service）

創造的思考を伴う芸術などの活動、身体的活動、無報酬での自発的な交流活動といった体験的な学習に取り組む。

（文科省ホームページより抜粋）

これらの科目から、知識偏重への学習から脱却し、深い思考訓練と幅広い体験活動を通し、バランスのとれた「全人教育」を目指していることが伺えます。

国際バカロレアでは、リサーチと討論、プレゼン、エッセイといったアウトプット型授業を通した学びの成果である2年間の校内評価と、最終的には高3の最後に実施される世界共通テスト（各7点満点×6分野＝42点満点）で評価されます。そしてそれに各1点が振られている必修の課題論文、知の理論、創造性・活動・奉仕の3内容の3点を加えた合計45点で最終成績が出されます。

この採点は、原則、国際バカロレア協会が全世界共通の基準で実施するため、高い公正性が保たれており、それこそが国境を越えて世界中で高く評価されている理由なのです。

これからの国際バカロレア

以上のような優れたプログラムを持つ国際バカロレアは、私がとてもお勧めするアクティブラーニング教育です。ただこれまでは残念ながら、インターナショナルスクールや一部の私立校でしか行われておらず、一部の限られた子どもだけが受けられる教育にすぎませんでした。

しかし、この２０２０年度の大学受験で風向きは大きく変わりつつあります。国が作った国際バカロレアの旗振り校である東京学芸大学附属国際中等教育学校を先頭に、東京都立国際高校も２０１５年から国際バカロレアコースを公立高として初めて設置。その後、２０１７年には筑波大学附属坂戸高等学校も国際バカロレアの認定校となりました。こうした国公立高への広がりはまだ始まったばかりですが、アクティブラーニング型の入試制度が導入される２０２０年度以降はますますその導入が盛んになると考えられます。そして私は、国際バカロレアがこうして国公立高に導入されていくことにこそ、大きな意義があると思っています。

グローバル化が進むこれから時代を生きる子ども達に必要なのは、「世界標準の教育」です。その筆頭ともいっていい国際バカロレアが都市部の一部の私立校だけでなく、広く全国の国公立高で受けられるようになって初めて、教育機会の均等も図られ、国全体の教育レベルの向上につながると考えるからです。

すべて英語での受講が原則だった国際バカロレアプログラムも、現在は一部の科目を除いて日本語だけで受講できるようになってきています。国際バカロレア＝英語教育と誤解されている方もいらっしゃいますが、国際バカロレアの本質は「世界標準のアクティブラーニング教育」であり、本来は母国語で学んでこそより深く学べるともいえるでしょう。その意味で、日本語で国際バカロレアが学べるようになれば受講への敷居が下がり、より多くの生徒が学べるようになります。また、英語での授業は無理でも、日本語でなら教えられる多くの優秀な先生たちも有効に活用できるため、国際バカロレアを導入できる国公立高がますます増えるという好循環にもつながっていくでしょう。

この動きがこれからますます広がり、全国の多くの国公立高校で国際バカロレアが導入されれば、大学入試制度にも影響が及ぶはずです。

22 受験勉強はどう変わる？

大学名や偏差値だけで受験校選びをする時代は終わる

さて、ここまでは学習指導要領の変更により、大学入試がどのように変わるのかについてお話してきましたが、大まかなイメージは持てたでしょうか。ここからは視点を変え、実際に受験生がどのように学習をして行ったらいいかについて説明していきましょう。まず、しっかり意識してほしいのは、「目的を持った受験校選び」です。

今回の入試改革で、文部科学省は入試制度の変更とともに、大学のあり方そのものと、大学教育そのものの変革に迫っています。今後は大学側も生き残りをかけて、教育の独自性を打ち出さなければいけなくなりました。とてもいい傾向だと思います。これからは分野別に競争がますます激しくなり、日本でも海外のように、大学名だけでの序列が徐々に崩れ、専門分野毎の序列に変化していくと考えています。

このような大学側の変化に対応して、受験生も意識の変革が求められます。具体的には将来自分がどんな分野に進むのかという方向性を高校在学中には固め、それをもとに大学で何を学ぶのかを明確にし、アドミッション・ポリシーを参考にして学校を選ぶというスタイルが一般化してくるでしょう。

世界ではそれはごく当たり前のことなのですが、日本の学生には決して容易なことではないのが現状です。なぜならこうした受験スタイルを実行に移すためにはまず、自分が何に興味があり、何が得意なのかをしっかり認識している必要があるからです。しかしこれまで偏差値と大学名だけを参考に目標設定していた多くの学生は、自分を見つめる訓練を十分には積んでいないのが正直なところではないでしょうか。

しかし、とにかく勉強して偏差値を上げて名の通った大学に入るという発想では、入学後はおろか、入試そのものでも苦戦する恐れがあります。すべての受験生は今まさに、新しい受験への対応を迫られているのだと思います。

これからは「どの大学を出たか」ではなく、「大学で何を学んできたか」が問われる時代になるでしょう。だからこそ大学選定に向けては、大学名だけでなく、大学内の各学部学科でどんな研究が行われているのかまで、しっかり調べてから学校選びをしてほしいと思います。そして何よりも、できるだけ早い時期から自分と向き合い、自分の才能と興味をしっかり把握して目標を定め、明確な目的意識を持って大学を目指すようにしましょう。

「教わる」から「学ぶ」への意識転換を

目的意識を持った進路決定の重要性が理解できたら、次は学びの形を変えていくことを意識していきましょう。キーワードは「教わる」から「学ぶ」への意識の転換です。

従来の受験はこれまでの受験は正解がたった一つの「知識量」の勝負だったので、ポイントを絞った解説を聞き、それを理解して記憶して解答の訓練を積めば、比較的短期間でも結果が出せました。1年で偏差値が30アップ！　などということが可能だったのはこのためです。

しかし、これからは「正解が一つではない問い」に解答するための「知識の活用法」を身につけなければいけないので、「自ら学ぶ」姿勢を身につけてアウトプット型の学びをじっくり積む必要があります。つまり、長期戦になります。というのも小論文や集団討論などで必要になる思考力・表現力・分析力は、知識のように一朝一夕では身につかないものだからです。

そこで問われるのは、どれだけ問題意識を持って授業を受けられるかということ。常に、学んだ知識はどこでどのように使うのか、関連知識は何か、それとはどのような関係があるのかという「ネットワーク的な広がり」を意識して身につけるようにしたいものです。

また、先生の話やクラスメイトの発言は漫然と聞くのではなく、「本当だろうか？」という批判的思考を持って聞くと同時に、「自分だったらどうするか、どう考えるか」を常に意識して聞くようにしましょう。

アウトプットの場を多く設けるという観点からは、プレゼンや討論といった発表だけでなく、クラスメイトに「教える」こともとても有効です。やってみればわかることですが、教えるということは最高の学びです。人に説明することを通して自分自身の知識が整理され、理解できている部分と理解が不十分な部分がわかり、知識の活用力は飛躍的に向上します。是非意識して、誰かに問題を教える機会をもつようにしましょう。

その意味では、学び合いの仲間を見つける努力を、積極的に行うことをお勧めします。まずは興味の方向が一致する仲間同士で、一緒に入試問題の分析をするのも面白いですね。

こうした仲間を見つけるには、塾などの学校外教育機関をうまく利用していくといいでしょう。塾の選び方についてはまた改めて詳しくお話しますが、まだ学校の現場ではアクティブラーニングへの対応で混乱も見られており、落ち着くまでにもう少し時間がかかるかもしれません。それまでは塾などを有効に活用していくといいと思います。

正解のない問いに向き合う訓練を

次にお話したいのが、「正解のない問い」に向き合う訓練です。この「正解のない問い」

に関しても誤解が多いように思いますので、最初に簡単に概要をお話します。言い換えれば、「正解のない問い」とは、「答えが一つに定まらない問い」を指します。一定のルールを満たして説得的かつ論理的に述べていれば、結論がどうあれきちんと評価される問題のことです。小論文や集団討論などは、まさにこの「正解がない問い」の典型的な試験方法といえるでしょう。

こうした「正解のない問い」への解答力を鍛えるには、従来とは違った新しいアプローチ方法を学ぶ必要があります。そこで子どもに意識させていきたいのが、「自主的な気づき」と「自問自答」です。以下、順に説明しましょう。

「自主的な気づき」には子どもの自由な発想と感性が重要ですが、「そんなことは当たり前」という固定化した姿勢で学んでいくと、なかなかうまく育ちません。子どもの頃、幼児教室などで知識ばかり丸暗記させてしまうと、こうした危険が高まるので気をつけて下さい。幼少期には知識を与える代わりに、自然の中などで豊かな体験をしたり、レゴやお絵かき、積み木や砂遊びなどの自由に作り出せる遊びをした方がいいでしょう。

次に、自問自答の習慣をつける方法について考えてみましょう。まず、一番効果的なのは、「自分がその立場だったら」という視点です。周囲の問題や課題に向き合う意識を持たせるようにすることです。

例えば、国語の読解問題であれば、作者や主人公の立場になって、自分ならどうするか。その理由は何か。彼らの行動や思考には同意するか。それはなぜかといった思考の訓練を重ねます。本を読みながら行っていけば、なおいいですね。またこれは歴史や政治、地理などの社会科でも応用可能なアプローチですし、理科では「なぜそうなるのか？」についての仮説を自分で立てることから始めてみるといいでしょう。そしてその仮説が正しいかをリサーチの中で検証するのです。その際、リサーチ結果についても批判的思考力を働かせて複眼視点で検証することを忘れないようにして下さい。

こうした環境は、学校や家だけでは初めはなかなか手に入らないかもしれません。そんな時は塾など、校外の教育機関を上手に活用するようにしましょう。次の項では、これからの塾選びについてもう少し具体的にご紹介したいと思います。

失敗しない！アクティブラーニング時代における賢い塾の選び方

私がまだ日本で指導をしていた頃は、塾は「より短い時間で、よりたくさんの知識を効率的に学ぶ場」でした。講師はどうやったら「最小限度の努力で、最大の知識とテクニックを生徒が得られるか」に頭をひねり、さまざまな「指導法」が流行っていたものです。

しかし、２０２０年度の教育改革で、従来型受験学習は変革を求められています。そんなこれからの時代には、どんな視点で塾を選んでいったらいいのでしょうか。塾講師としてだけでなく一人の保護者として視点も加味し、簡単に説明しましょう。ポイントは３つあります。以下、順に説明していきたいと思います。

①　インプットとアウトプットのバランス

まず第一に考えるべきは、「インプットとアウトプットのバランス」です。通塾の目的は受験対策ですから、インプットが重要なのはいうまでもありませんが、先生から「教わる」スタイルで身につけた知識だけでは、今後の入試には対応できなくなります。

まず見極めるべきは、授業内で講師と生徒間だけでなく、生徒同士でも活発な意見交換がなされているかどうかです。講師の問いに対してある生徒が答えを言ったら、それに対して他の生徒が意見を述べるような環境があるかをしっかりチェックしましょう。また、その議論が形式だけのものになっていないかにも注意してください。私も指導時に気をつけていましたが、進学塾ではつい成績が優秀な子が答えると他の生徒は萎縮して答えを言わなくなる傾向があります。一見活発な議論のように見えても、結局は優秀な子の意見でまとまるようでは、議論の効果はあまり望めません。

数学であれば徹底した別解の検討、国語であれば本文内容の要約と検証、そしてそれに対して論理的に自分の意見を述べる練習、理科であれば原理原則の検証、社会なら知識相互の関連性や因果関係の検証と問題提起及びそれに対して自分の意見を述べる練習など、「知識の習得→活用法の検証→自説を述べる練習」がセットになっている授業が行われているかが、見極めのポイントです。

② 指導形式&テクノロジー

第二のポイントは、授業形式です。まず真っ先に避けた方がよいのは、集団一律の講義メインの授業形式です。1クラスが15名以上で、授業中に講師の話している時間が7割以上であれば、この形式といっていいでしょう。こうした講義ベースの授業で身につく「従来型学力」だけでは、今後の入試には通用しません。今すぐ塾の変更を真剣に検討しましょう。

テクノロジーを活用したシステムを取り入れた塾なら、将来性は高いと思います。理想としては、知識を動画による反転授業などで予習し、授業内では議論で理解を深めるスタイルの授業を行う塾を積極的に選んでいきましょう。知識を得るだけなら自宅で一人でもできます。また、何十年もの経験の末に「教えることを極めた講師」による動画授業を繰り返し自宅で見る方が、ダラダラと続く普通の講師の説明を聞くより何倍も面白く、効果的です。

今後、塾の授業で学ぶべきは、入試で問われる「アウトプット能力」の習得。塾の教室は、「教わる場」から「知識の活用力を試し、伸ばす場」に変わりゆくことが求められているのです。知識は反転動画を活用して自宅学習で身につけ、家で覚えた知識の使い方を塾で練習し磨き上げて、受験に備えることこそ、これからのスタンダードになると私は考えています。

なお、今後は「小論文・集団討論・プレゼン」の対策コースもどんどん増えていくことでしょう。その時も「ノウハウの説明」に終始する塾は避け、「実践」をメインに行う塾を選んでください。「ノウハウ」は「知識」に過ぎず、小論文の書き方や集団討論の仕方、プレゼンの方法などの形式面＝型は比較的短期間で習得可能です。一方で、実際に自分で「思考」し、「判断」し、「表現」する実践力の育成には長い時間がかかる上、独学では上達が難しいものです。それを理解して実践に時間をかけられる塾こそ、大切なお子さんを預けるにふさわしい塾と言えるでしょう。

③ 講師の資質

最後のポイントは講師の資質です。チェックすべきは、「教える能力」だけでなく、生徒の能力を見極め、引き出せるかどうかです。

個性の時代となる未来を生きる子どもたちを育てる講師には、生徒個人の才能や興味を把握していることが必須です。知識力を見るテストの点数だけでクラス分けしている塾は避けましょう。また、英語が話せない英語講師がいる塾も、大学入試に対応する英語力を育てられるとは思えません。私たち親が賢くなり、我が子を託せる講師のいる塾を探しましょう。

23 海外を知ることで広がる選択肢の幅

留学という選択を見直す時期

２０２０年度以降の教育の章の締めくくりとして、留学という選択肢についてお話しておきたく思います。

留学と聞くと「留学はお金がたくさんかかるし、そもそもうちはずっと日本で暮らして行くから、留学なんて関係のない雲の上のお話」と思ってしまう方もいらっしゃるかもしれませんね。確かについ10年ほどまでは、それが一般的だったと思います。

しかし２０２０年問題がクローズアップされてきたここ数年で、風向きは随分変わってきたと感じています。入試とは直接関係のない「特別な選択」から、入試でも大きなアドバンテージを持つ「有効な選択」へと、留学に対する意識が変化してきたのです。その原因は大きく分けて以下の3つだと私は考えています。以下、順に説明しましょう。

①　大学入試で多様な受験生を求める「個性重視選抜」の導入

すでにお話した通り、アウトプット型入試が導入される中で、大学側は学力以外にも一般的な学生とは違った「個性」や多様な価値観を持つ受験生を求めるようになりました。これに対して、受験生側としては、面接や集団討論、小論文などで表現するための元となる経験を幅広く積んでおくことが必要となってきています。

こうした状況に、留学はこの上ない「大きな経験」を与えてくれます。言葉も考え方も文化も違う異国で、全く知らないクラスメイトに囲まれて、全く違うカリキュラムで学ぶ環境。それがどれほど子どもにとって大きな挑戦であるかは、想像に難くないはず。そしてそこで得た貴重な経験は子どもを大きく成長させるだけでなく、多様な価値観を受容できるかけがえのないスキルを与えてくれるのです。

このような経験を持っているか否かで、今後の、個性が重視される入試へのアドバンテージが変わることは確かだと思います。それを敏感にキャッチした方が、入試対策の一環として留学という選択肢を積極的に取り始めているのです。

②　政府による留学支援プロジェクト「とびたて留学JAPAN」の推進

いかに入試にアドバンテージがあるとは言え、留学には多額の資金がかかることは事実。留学したくてもできない、それがこれまでの常識でした。しかしそれはもはや過去の話。なぜなら今はヤル気と能力さえあれば、世界に飛び出して学ぶチャンスを国が後押ししているからです。

これは一例ですが、現在、政府はグローバル社会に対応できる人材育成の一環として、留学支援プロジェクト「とびたて留学JAPAN」を推進しています。詳しくは文部科学省のホームページを参考にしていただきたいのですが、ここでは高校留学にフォーカスして、概要だけをご説明します。

このプロジェクトは２０１４年からスタートし、２０２０年までに高校生留学者数を現在の3万人から6万人に倍増させることを目的にしています。政府だけでなく民間企業も巻き込んだ「官民協働のもと社会総掛かりで取り組む『留学促進キャンペーン』」で、返還不要の給付型奨学金が最大1年間支給されます。ここには授業料はもちろん、往復の渡航費や現地活動費まで含まれ、ほとんど自己出費なしで留学が可能です。短期留学も合わせると高校生だけで年500名もの生徒に支援が行われるので、今後ますますこれらのキャンペーンを活用した留学生が増えていくでしょう。

③ 大学入試での英語資格試験の導入

最後のポイントは、大学入試の英語試験に民間資格が本格導入されることです。特に今後は4技能をバランスよく測れるTOEFLやIELTSなどが重視されると予想されますので、留学で生きた英語力を身に付けたいと願う受験生は当然増えていくでしょう。

実際に1年間海外留学をしただけで、TOEICのスコアが250点以上上がった生徒も何人も見ています。英語漬けになって過ごす1年は、日本での数年以上の学習に匹敵する密度があります。特に日本では伸びにくいリスニングとスピーキングの伸びは、実際留学した生徒なら誰もが実感することです。

いかがでしょうか。このように留学は、すでに特別な選択ではなくなり始めています。

そろそろ留学への見方を変えてもいい頃です。幼い時にやみくもに多くの習い事をするのを減らして将来の留学に備えることも、有効な選択肢として検討する価値が十分あると私は思います。

留学で得られるものと帰国後に広がるチャンス

ではここでもう少し具体的に、留学で実際に得られるものと、帰国後にどのようなメリットがあるのかについて、例を挙げながら説明したいと思います。

まず、留学で得られるものですが、一番に挙げられるのはもちろん語学力の向上でしょう。私も仕事柄毎日のように留学生と接していますが、彼らの語学力の伸びには驚くばかり。大人になってから海外に出た私とは異なり、10代の子ども達はまるで砂が水を吸うように語学を吸収していきます。留学すれば必ず語学が伸びるわけではありませんが、その可能性が大きく高まるのはまぎれも無い事実。そしてそこで得るのは、教科書で習う「文法通りの正しい英語」だけでなく、生活の中で息づくまさに「生きた英語」です。

また、日本を離れた異国で文化の壁と言葉の壁に阻まれながら生活し、学んでいく中で、新しいことに自発的に挑戦しようとする強い精神力＝タフネスが育っていきます。留学初日にはクラスで下を向いていた生徒が、1年滞在後の帰国時には多くのクラスメイトとの別れを惜しんで涙ぐみ、英語で連絡先を交換しながら今後の交流を約束している姿を見ると、彼らの成長を強く実感させられます。

留学の中ではタフネスと共に、異なった価値観を持つクラスメイトと理解し合い、共に生きていくための共存力も育ちます。また、留学時に作った人脈はまさに一生の宝。今はSNSでつながることもでき、帰国後も気軽に連絡が取り合えるので、語学の継続的学習にもいいだけでなく、グローバル化する社会にあって将来、さまざまなコネクションを持つことにもつながるでしょう。これこそまさしく、最短のグローバルコミュニケーションスキル育成方法です。

次に、帰国後にどのようなメリットを得られるかについてです。留学した生徒は帰国後、日本を「外から見る目」を持つことができるようになります。それは多角的な視野を手にすることを意味し、批判的思考にもつながっていきます。また、英語に自信がつき、論理を重視する異文化社会での経験が論理的思考力の育成を図ってくれるので、アウトプット型の試験への対応力も向上しやすくなります。さらに変化に富む未来を生きる上で欠かせない、新しいことに果敢に挑む「チャレンジスピリット」も身につくでしょう。そして最大のメリットは、帰国後の入試の選択肢が広がること。国際バカロレアを初めとした英語や多様性が重視される受験で、留学経験が大きな武器になることは間違いありません。

留学の種類と注意点

このように、さまざまなメリットがある留学は、政府の手厚いサポートがある今こそ、是非ともチャレンジしてほしい選択です。しかし留学といってもさまざまな種類があり、どう選んだらいいかわからない方もいらっしゃるでしょう。また、留学には、気をつけなければ逆にデメリットを生んでしまう危険性もあります。そこでここでは、高校生以下の留学の種類や注意点について、簡単に説明したいと思います。

留学で検討すべき事項は一般的に、留学時期と留学期間、そして留学先（国&街）ですが、それよりも先に考えるべきことがあります。それは「留学の目的」です。言葉を変えるなら、帰国後に何を優先的に得たいかと言い換えてもいいかもしれません。

そこでまず、「留学から帰ってきて何を一番したいか」というゴール設定から始めましょう。英語を生かして受験に備えたいのか、もっとチャレンジする強さを身に付けたいのか、それともたくさんの外国人の友人を手に入れて、自分の世界を広げたいのか…。この優先順位をつけたゴール設定が、留学の時期や期間、留学先を決める上で一番重要な要素です。また、このゴールの優先順設定がしっかりしていればいるほど、政府の留学支援プロジェクトに提出する「留学計画書」が説得力のあるものになり、選抜されやすくもなります。

ゴール設定が済んだら、そのゴールから逆算して留学計画を立てます。入試でアドバンテージを得たいなら、できるだけ長い期間の留学がベスト。給付型奨学金の最大期間1年を目指しましょう。逆に経験や人脈を目的にするなら、短期もいいでしょう。ただ1ヶ月未満の留学では、現地到着後すぐにある程度コミュニケーションが取れる程度の会話力と、現地校の学習に必要な基本的読み書き能力が必須です。留学は渡航先の国のいいところばかりでなく、悪いところ・嫌なところも知った上で、それを乗り越える経験をしてこそ貴重なもの。語学力不足で正しく内容が理解できないまま「楽しかった！」と言って帰ってきては、旅行に行くのと何も変わらず、得られるものは少ないからです。

また、渡航先ですが、英語を学ぶならTOEICの公式英語に指定されている5ケ国（英・米・カナダ・豪・ＮＺ）がオススメです。理由は語学だけでなく、欧米圏の文化も一緒に学べるから。東洋とは対極にある西洋文化に触れることで、より価値観の幅が広げられます。もちろん安全が第一ですから、治安のいい国や都市を選ぶべきなのは言うまでもありません。また自分の英語力に合わせて、渡航先の学校もしっかり選びましょう。

親子留学で、親自身も海外を知ろう

最後に、近年にわかに盛んになってきている「親子留学」について、一言お話してこの章を終わりたいと思います。「親子留学」とは文字通り、親子で海外に留学に行くことです。親自身の語学留学に子どもの学校をつけるケースもありますが、多くは子ども自身の英語力をつけるために海外に留学に行き、親もそれについて行くというパターンでしょう。

特にネイティブのような「いい耳」や「いい発音」を身につけさせたいという理由で、未就学児や小学校低学年時に留学をさせるケースを、私のいる国でもよく見かけます。我が子にいい英語力をと願う親御さんの気持ちはわかります。が、私はお勧めできません。

幼少期に大切なことは、母国語をしっかり固めることです。将来も日本で生活をすることが前提の日本人なら、この時期は外国語より日本語をまずしっかり身につけるべき。子どもを海外に出すのは「母国語が固まってから」で十分で、中途半端な時期の留学は、逆にセミリンガルに育てる危険性を増す恐れさえあります。

この観点から私は、親子留学をするなら母国語が固まった小学校高学年から中学生までをオススメしています。それはこの時期なら学校の学習レベルが適正で学びやすい上、帰国後に役に立つ内容が多いこと、そしてアイデンティティが固まり切る前なので、色眼鏡をつけずにその国を見られ、さまざまなことを素直に吸収できるからです。もちろん帰国後の受験に向けた準備としても、とてもいい時期と言えるでしょう。

なおこの小学校・中学校留学でも、留学前に留学後のゴール設定をしっかり行い、現地での学習に備えた英語力育成の準備をしっかり行うようにしてください。目的と準備なき留学では、得られるものはほとんどないからです。

一方で親子留学のメリットは、子どもの成長だけではありません。むしろ親自身がタフネスや共存力を身につけ、パラダイムシフトができる点こそ、最大のメリットではないかと私は考えています。そのためにもできるなら、親自身も必ず語学学校等に通い、子どもと共に自分のスキル向上を図るようにすることをお勧めします。

また親子留学期間ですが、こちらも予算が許すなら最低1ヶ月以上、できれば1年以上の留学ができると理想です。中学受験用の塾に予算をかける分を留学に回して親子留学に来たという方をこれまでに、何人も見ています。入試が多様化する今後なら、それも有効な選択肢のひとつかもしれません。

第4章

家庭でできる『7つの未来型スキル』育成メソッド

24 グローバルＡＩ時代を生きる子どもに親ができること

さて、最後の章では、７つの未来型スキルを家庭でどうやって育てるのか、言い換えれば親がどうやってこのスキルを伸ばしていくかについて、具体的に説明していこうと思います。さまざまな実践法やメソッドをご紹介しますが、くれぐれも、すべてを完璧にやろうとはしないで下さい。一情報としてお読みいただければと思います。

まず最初に、これからやってくるグローバルＡＩ時代を生きる子どもに対して、親ができることとは何か、から話をおこしていきましょう。

グローバル時代については、さまざまな情報が飛び交い、不安になることも多いことと思います。しかし、今私たち親がまず認識しておくべきは、「さまざまな価値観が認められる時代」になるということだけで十分ではないかと思います。そしてその時代を生きる我が子が多様な人生観を認められるようになるよう導くということが大切でしょう。

広がりを見せる多様性は、グローバル化による国際化だけではありません。日本国内でも私たち日本人自身の生き方が、ますます多様化するようになるでしょう。就職の代わりに起業がもっと一般化し、在宅勤務やワークシェアリングなどの多様な働き方も広まっていくはずです。これまで一般的だった、正社員になって終身雇用が幸せという形がこれからはすべてではなくなる時代。だからこそ、私たち親自身がまず率先して、「○○が一番」という思い込みを手放すことから始めなければなりません。

また、テクノロジー、とりわけＡＩ（人工知能）が発達する時代に対しても、楽観論、悲観論共に、さまざまな意見が飛び交っていますね。こちらについても、溢れる情報に右往左往しないために私たち親自身が認識すべきこととして、「『テクノロジーによる創造』ができる子どもに育てる」という視点をお伝えしたいと思います。

どんなにテクノロジーが発達しようと、そのテクノロジーを使って創造する役割は人間の手に残ります。そしてその創造のためには、「テクノロジーを使って何かを作り出す力」

を育てる必要があります。

つまるところグローバルAI時代に備えるために私たち親がすべきことは、「多様な価値観を受容」でき、「テクノロジーを使った創造」ができる子どもを育てることです。そしてそれを可能にするスキルこそ、7つの未来型スキルなのです。

それではこれから一緒に、7つの未来型スキルを家庭でどうやって育てていくのかについて、スキルごとに詳しくみていくことにしましょう。

25 『自己肯定スキル』育成メソッド

子どもの「好き」を見出す2つの方法～「子ども観察メモ」を作ろう

7つのスキルは育てる順番が大切とお話ししたことを覚えていますか？

第一に育てるべきスキルは、『自己肯定スキル』でしたね。

自己肯定スキルを育てるためにまず親がすべきことは、子どもが本当に好きなことを見出す努力をすることです。そのためにこころがけてほしいのが、子どもの話をよく聞き、しっかり観察するということ。

そんなことならいつもやっています！　という声が聞こえてきそうですが、これまでお目にかかった保護者の方とのお話から推測すると、きちんと実践することができている人は決して多くありません。

ここで少し、セルフチェックをしてみましょう。次の質問に答えてみて下さい。

「クラス担任の先生があなたのお子さんを担当できて幸運な理由を、10個教えて下さい」

もしこの質問に全く詰まることなく、スラスラと答えが出てくるようなら、何の心配もないでしょう。しかし実際には多くの方が、答えに窮するのではないでしょうか。

これは私が海外に出て初めて、子どもの学校の先生から出された親向けの宿題です。私自身もその答えを出すことに悪戦苦闘し、自分がいかに子どもを深く理解できていなかったかを、つくづく思い知らされました。

海外ではこうした、子どものことをどれだけ親が理解しているのかを問われる場面が少なくありません。それはとりも直さず、親ができるサポートの第一歩が子どもへの深い理解であることを意味しているのです。

小さい頃は特に、子ども自身が自分の才能や興味を正しく認識できていないことが多いものです。そんな時、親がしっかりサポートできるかどうかが、子どもの能力を大きく伸ばせるかどうかのカギを握っています。その意味でも普段から子どもの話は意識してしっかり聞き、子どもの行動を注意深く観察することは、とても重要な親の役割なのです。

そこでオススメしたいのは、「子ども観察メモ」の作成です。

紙のメモでもいいですが、私はスマホのメモアプリに、記録するようにしています。メモの内容は、子どもが最近興味を持っている番組、映画、本、食べ物、ほしいもの、行きたい場所、友達との遊び、先生や友人から言われた内容、学校での学習内容、気になっているものなど、気づいたことはなんでもとりあえず書いています。そして定期的にそれらを眺め、子どもの「好き」や「興味」を考える時間を取るようにしています。こうすることで子どもの現状が客観的に理解でき、今後どのようなサポートをするかの判断材料を得られます。

普段忙しく仕事や家事をこなしていると、ふと気づいたこともすぐ忘れがちなもの。しかしこの「観察メモ」をつけておけば、後から大切なことに気づけることも多いです。さらに子どもが将来自分の道を探し始めたときにも参考にできる素敵な記録となるので、お勧めです。

また、もうひとつお勧めなのが、定期的に子どもと外出して、ゆっくり世間話をする時間を取るということです。落ち着けるカフェやレストランで飲食を楽しみながら、まずは親が自分のことを色々話して見ることから始めて下さい。今自分が興味を持っていること、仕事のことなどを話してみるといいでしょう。はじめはなかなか子どもが話してくれないこともあるかもしれませんが、親が最初に心を開くことで徐々に話をしてくれるようになるはずです。

この時、親自身の失敗談も是非話してみてください。私もこれまでの指導で、自分の過去の失敗をたくさん生徒に話してきました。すると心を閉ざしがちだった子どもたちも、徐々に私の言葉に耳を傾けるようになったものです。そしてさらに効果的なのは、その失敗をどう乗り越え、そこから何を学んだかまで言及することです。失敗がのちの成功の糧となった体験は、壁に直面している子どもの心には特に響くもの。子どもの未来のイメージングや、失敗を恐れない心の育成にきっと役立つことでしょう。ぜひ試してみてはいかがでしょうか。

やり抜く力＝ＧＲＩＴを育てる

〝好き〟を見つけると同時に行っていきたいのが、ひとつのことをやり抜く力をつけるサポートです。この力を十分に育てられないと、せっかく好きなことが見つかっても努力が続かず、能力が開花しなくなる恐れもあります。その意味では取り掛かったものを「最後までやり抜く」力は、好きなことを始める以上に大切といっても過言ではないかもしれません。

「やり抜く力」については、アメリカの心理学者アンジェラ・ダックワース教授の提唱する「ＧＲＩＴ」理論がとても参考になります。彼女は著書『Ｇｒｉｔ』の中で、親自身の「マインドセットの修正」と「愛ある厳しさ」の重要性を説明しています。

親はなまじ子どもの身近にいるため、自分の子どもは「○○な人間だ」という思い込み＝マインドセットを持っていることが多いものです。それが前向きなものならいいのですが、謙遜の美徳を持つ私たち日本人はつい子どもの評価を厳しくして、後ろ向きな思い込みを持ちがちではないでしょうか。

そしてそれはネガティブなマインドセットの原因にもなり得ます。正しいマインドセットを持つためにも、先にご紹介した「観察メモ」を試してみることをお勧めします。

また、「愛ある厳しさ」についても、予測不能な状況を切り抜ける経験値を積むことこそ、先の見えない未来を生きるためにはとても重要なことです。そのためには、「可愛い子には旅をさせよ」の例え通り、これからは子どもにより辛く厳しい道をすすめるべきだと私も考えています。そして親は全力でサポートすることを伝え、一歩後ろを歩きながら、子どもが転んだら立ち上がるために手を貸すようにするといいでしょう。

さらにやり抜く力を支えるには、自分を信じ、自分を律することができるセルフマネージメント能力も必要となります。こちらはまず「優先順位をつけられる子どもにすること」を目標にしましょう。親として、子どもがものの整理整頓だけでなく、思考や心の整理整頓も行えるようにサポートして下さい。

そのために、できるだけ無駄なものや思考を減らしたシンプルな生活を心がけましょう。そして本当に大切なもの、大切なことは何かについて、子どもに問いかけ、一緒に考える中で、子ども自信が優先順位を自分でつけられるよう導いていくことが大切です。

＊「やり抜く力 人生のあらゆる成功を決める「究極の能力」を身につける」アンジェラ・ダックワース 著／神崎　朗子 訳、ダイヤモンド社刊

〝挑戦しよう！〟がこれからのキーワード

やり抜く力をつけるには、さまざまな挑戦の経験を積むことがとても有効になります。そして失敗を恐れず、果敢に挑戦することは、これからの時代にとても重要なことでもあります。

ただ、実際に子どもに「積極的な挑戦」を促すことは、思った以上に勇気がいること。なぜなら挑戦に伴う失敗というリスクを、誰もができるだけ避けたいと願うものだからです。

一方で、いうまでもなく、リスクとチャンスは常に表裏一体でもあります。言葉を変えるなら、リスクを取ることが増えるほど、チャンスをつかむ可能性も上がるということです。この発想が欧米諸国では重視され、実際に私の娘の通う学校でも「リスクをとって失

敗するよりも、リスクを取らずに後悔する方が怖い。リスクを恐れず挑戦することこそ、真の勇気」と繰り返し教えられてきました。校長先生や学年主任の先生はことあるたびに挑戦の重要性を説き、その中で生徒たちは「リスクを取る勇気」を培っています。

これに対し私自身も、学生時代まで、周囲の大人たちに「できるだけ失敗のしない、安全な道を行け」と言われ続ける中で無意識のうちに安定を求めていたように思います。

しかし、これから先行きの見えない時代を生きていく子どもたちは、毎日が挑戦の日々になる未来を生きていくことになることでしょう。そんな彼らにとって大切なことは、失敗を恐れて挑戦しないことよりも、失敗を経験ととらえ、多くの失敗を通して成長していくことではないでしょうか。

このように積極的に挑戦していくためには、まず、子ども自身が失敗に対する受け止め方を変える必要があります。「挑戦は多くの間違いや困難がつきもの。だから少しぐらい間違えても大丈夫。たとえ行き詰まっても自分を信じて歩いていけば、きっと乗り越えられる」という信念が子どもの中に育っていれば、間違いや困難を怖れずに挑戦できるようになります。実際にこれまで指導してきた経験の中でも、この信念を持っている生徒は例外なく、本番に強く、結果もしっかり出していました。

こうした強さを育てるために、親は努めてストレスとの付き合い方を教えていきたいものです。ストレスを感じることからでも、何か喜びを得られるよう導くように心がけましょう。例えば、学級委員などの役割は責任が重く大変なことも多いけれど、その責任を全うした時の喜びは大きい、といった感覚が子どもの中に芽生えれば、子どもは挑戦という選択肢を取るようになるでしょう。

「パーソナルベスト」という価値観を伝えよう

また、失敗を恐れずにリスクを取るようになるために、もうひとつお勧めの方法があります。それは子どもに「パーソナルベスト」という価値観を伝えるということ。これは私も海外に来て初めて聞きましたが、こちらでは子どもたちが毎日学校で聞かされている言葉です。

「パーソナルベスト」とは文字どおり、自分の最善を尽くすという意味。つまり自分の力を出し切れたかが評価基準で、相手はあくまで自分。誰かと比較するのではなく、自分が立てた目標をクリアできたかどうかで成功か否かを判断します。

ここで、実際に指導した生徒が通っていた学校での、算数の取り組みを例に挙げて説明しましょう。その生徒のクラスでは、毎学期のはじめに自分の学習課題をノートに記入します。例えば余りのある割り算ができるようになる、四角形の面積の求め方をマスターする、重さの単位を友達に説明できるようになるなど、自分だけの目標を設定します。この時先生がアドバイスするのは、「挑戦＝Take a risk」。確実に達成できる目標ではなく、しっかり努力しなければ達成できないチャレンジングな目標を立て、それに挑むことを勧められます。

そしてそれを自分で、時にはグループ内の友人や先生のサポートも受けながら実行に移します。もちろん達成できる時もあれば、できない時もある。でも、「自分ができる精一杯を尽くしたか」が一番重要で、結果は反省して次に活かしはしますが、達成したか否かよりも、ベストを尽くせたかどうかを評価する。この方針が、クラス全体に行き渡り、子ども達は自分が立てた目標に挑む楽しさを知っていきます。

もしここで「達成したか否か」という結果にばかりフォーカスすると、達成できない人は評価されず、失敗を恐れてチャレンジしにくくなっていくでしょう。それでは自己肯定スキルはいつまでも育ちません。

家庭でも何か子どもが取り組むべきことが出てきたときは、ぜひこの「パーソナルベスト」という価値観を思い出し、子どもに伝えてあげて下さい。「できるかできないかよりも、まず全力を尽くして挑むことが大切。出た結果がどうあれ、全力で取り組んだ経験は必ず将来に活きる」ということを自覚できれば、必ず子どもたちは挑む楽しさを知り、自ずと自己肯定スキルを伸ばしていくことでしょう。

26

『創造的発想力』育成メソッド

キーワードは「自由な遊び」！ 芸術やスポーツの経験をたくさん積ませよう

続いては、家庭でできる『創造的発想スキル』の育て方についてです。このスキルに不可欠なものが「想像力」だということはお話しましたね。そしてその想像力は遊びの中でこそ育つもの。つまり、時間を忘れて没頭して遊ぶ経験をたくさんすることがこのスキルを伸ばすカギとなります。

ただ一言で「遊び」といっても、どんなものでもいいというわけではありません。遊びの選択には、少し注意点があります。それは、特に子どもが小さい頃ほどルールの縛りが少ない自由な遊びから始めるということです。言葉を変えるなら、子どもが自由にルールを変えられる自由性のある遊びを積極的に選ぶのです。

かつての日本の子ども達が長い間親しんできた缶蹴りや警ドロ遊びなどは、この「自由度が高い遊び」の典型と言えます。「基本ルール」は同じでも、こうした遊びは地方によってローカルルールが多数存在していて、それが遊びの自由度を物語っています。こうした遊びは場所や人数、参加したメンバーの特性に合わせてルールが変えられ、その工夫の中で子どもは想像力を育めます。

また、レゴ・積み木・折り紙・クラフト・物語作り・お絵かき・デジタルアートなども、自分が好きなように創造できるものなので、イマジネーションが広がっていきます。スポーツも同様で、はじめはできるだけルールがシンプルで、制限の少ないスポーツの方が、創造性は発揮しやすいでしょう。

こうした活動は子どもの感性に任せて、好きなようにやることが大切で、上達を急ぐあまり大人が「やり方のテクニック」を教えては逆効果です。うまくいかないときは、「うまい人」を見、子ども自身が体感し、見出せるよう促します。初めは時間がかかりますが、長い目で見守っていくことが大切だと思っています。

小学生の時は結果よりも、自分なりのやり方で工夫し、向上する喜びを育てることにフォーカスしましょう。この時期にあまり多く指示を与えると、自分で工夫するより指示を聞くという受動的な姿勢が身につきやすくなるので注意してください。

不便な環境と退屈な時間を意識して作る

創造的発想スキルを育てるために親が最も簡単にできることは、子どもに「不便」で「退屈」な環境を与えることです。「いきなり何を言い出すか」という声が聞こえそうですが、これには明解な根拠があるのです。

ひとつお聞きしますが、今あなたは日本社会の利便性をどれくらい自覚しているでしょうか。私は数年おきに日本に帰国していますが、その度に日本の便利さに驚かされています。でもそれは日本で暮らしていた頃には、全く自覚していませんでした。

実際、日本は便利な物で文字どおり「溢れかえって」いますが、その場所で暮らしながらその利便性を自覚するのは難しいものです。海外から見れば、整備された交通網や痒い所に手が届くきめ細やかなサービス、考え抜かれた製品のひとつ一つが、海外から見ると驚異的なほど便利な社会を形成しているのです。

だからこそ意識して普段の生活の中に「不便」を取り入れる工夫をしないと、子どもは自分で考えることなく道具やサービスになんでも代替してもらえ、創意工夫やクリエイティビティが育ちにくいということを、親はしっかり自覚していきましょう。つまり子どもが少しでも快適になるようにと、親が先回りして環境整備するのは逆効果なのです。

もちろんテクノロジーには触れる必要はありますが、モノは多く与えず、あえて「不便」な環境を作ることで、子どもが工夫するようになっていきます。そしてこのプロセスの中で、子どもはクリエイティビティを伸ばしていくのです。

例えば何か使い勝手の悪いものがあったとしましょう。その時「これは使いにくいから、もっといいものを使おう」と考えるのではなく、「どう工夫したら使いやすくなるだろう」と考える。つまり道具の良し悪しの前に、その使い方の良し悪しに思いを馳せ、ひとつのものを十分に使い切っているのかを考えることが大切です。私自身にも身に覚えがありますが、あれもこれもと手を出してしまう親の方にこそ、問題がある場合も少なくありません。まずは親自身が工夫をしていきたいものです。

また、あえて退屈な環境を作ることも重要です。暇つぶしに安易で受動的なものを与えすぎないようにしましょう。習い事を詰め込みすぎて、自由時間を奪うことも要注意です。自分でする事を選べる時間が、創造力や自分と向き合う姿勢を育みます。いろいろやらせたい気持ちをぐっとこらえ、一歩引いて子どもを見守っていきたいものですね。

27 『論理的本質思考スキル』育成メソッド

「論理的本質思考力」を育てる3つの魔法の問い

ここからは、『論理的本質思考スキル』を育てるために親ができることについて、説明していきたいと思います。そのひとつ目は、いつでも簡単にできる「3つの魔法の問い」です。

問1「そもそもどうしてこうなってる？」（原因を探る）
問2「君はどう思う？」（意見を述べる）
問3「どうしてそう思う？」（理由を考える）

これは私がこれまで、授業の中で意識して使ってきた発問です。ある問題や課題に対し、その原因までさかのぼって考え、自分なりの意見を主張し、その理由をしっかり考えることを通じ、因果関係を把握して問題の本質を探り、そこから自分の考えを論理的に説明する練習が積めます。

この3つの問いは塾の授業中だけでなく、家庭での学習でもどんどん活用していけます。私は子ども自身が無意識に使えるようになるよう、指導の中で生徒の体に染み込むまで徹底してこの問いを使い続けています。例えば暗記科目と考えられている、社会の公民分野ではこんな感じで発問します。「最近憲法改正が議論されているけど、そもそもどうして改正が必要なの？」「君は憲法改正についてどう思う？」「どうしてそう思う？」。この3つの問いに答えることを通して、生徒は憲法改正議論の前提となっている社会的背景、憲法改正の是非、その理由を考えることになり、このプロセスの中で問題の本質までさかのぼり、そこから順に筋道を立てて自分の意見をつくり上げる訓練が可能になります。

もちろんこれは、親子の会話にも使うことが可能です。普段からさまざまなシーンでこの問いを投げかけていくことで、自然に子どもの論理的本質思考スキルが伸びますので、是非活用してみてください。次の項では、この問いを家庭で使うための具体的な方法を説明しましょう。

親子の会話を話し合いに変える工夫

先ほど紹介した3つの問いは、日常会話の中でも気軽に使えます。学校のことはもちろん、家族や地域、これからの未来のこと、子どもの進路や夢について、場合によっては親自身の仕事のことでもいいでしょう。

私はよく、自分の娘が何かを聞いてきた時に、この3つの問いを積極的に活用します。昨年、中学進学（こちらでは、11歳で中学に進学します）を翌年に控えた10歳の娘との会話で、こんなやり取りをしました。

「どうしてずっと同じ学校で、同じ友達と一緒に勉強できないのかな？」と娘。そこで私はこう尋ねました。「そもそもなんで同じ友達とずっと一緒がいいの？」「だってずっと一緒にいられたら友達と別れなくてすむし、新しく友達作らなくてすむから楽」。そう答えた娘に、私が続けます。「なるほどね。でも新しい学校に行ったら新しい友達ができると思うけど、それについてはどう思う？」「うーん、新しい友達ができるのはいいけど、できないかもしれないし…」。「どうしてできないと思うの？」そう聞いた私に、少し考え込んだ顔で娘はこう答えました。「今度の学校は近くの小学校から上がってくる生徒が多くて、グループができてるかもしれないから、新しく入れてもらえるか心配なの…。」

この調子で話は続きましたが、結局この時、何か結論が出たわけではありません。ただ娘は自分が抱えている問題の原因に気づき、今度どう対処していくかの方法を考え始めました。その甲斐があってか、今年から始まった中学校では最初の週で何人もの友達を作り、楽しい新学校生活をスタートさせています。問題の本質を子ども自身が見出せるようにできれば、対処法を考えることもずっと楽になるでしょう。

またこの3つの問いは、ニュースやドキュメンタリー番組をたくさん見て、親子で話し合う時にはより威力を発揮します。具体的には以下の手順を踏んでいきます。

まず一緒に番組を見ながら、取り上げられている話題について、「そもそもなぜこんなことになったのか？」「それについてどう思うか？」「なぜそう思うか？」聞いていきます。このとき気をつけるのは、結論の是非を取り上げて評価したり、大人の常識を振りかざしたりせず、純粋に意見の論理性だけを重視することです。さもないと子どもが萎縮して意見を言わなくなったり、逆に親の意見に迎合したりして、「小さな大人」になってしまう恐れがあるからです。

さらに子どもとの対話を工夫することで、さまざまなシーンでもこの3つの問いは活用できます。子どもが好きなことをテーマにするのも、とても効果的でしょう。例えば、アニメや動画、スポーツ、映画などなど、話題はいくらでも見つけられます。

こうした身近な話題で3つの問いを使って考えさせることは、そのまま入試対策にも直結します。例えば以前入試で、ドラえもんを題材にした文章題が国語で出題されたことがあります。その文章では、便利なはずのドラえもんのひみつ道具が、結局はあまりいい結果につながらないことについて論じて、「なぜこのような結果になるのか」について答えさせる問いがありました。

漫然と漫画を読んでいるだけの生徒は面食らうかもしれませんが、普段から漫画について色々親子で話し合っていれば、逆にこうした問題を楽しめるでしょう。さらに今後はこの問題が、「ドラえもんのひみつ道具を有効活用するためにはどうしたらいいか」という「正解のない問い」として再登場する時代に変わっていきます。そうした問いに対応できる力を育てられるのが、この「3つの魔法の問い」なのです。

28 『分析的判断スキル』育成メソッド

シミュレーションタイムを取ろう

次は「分析的判断スキル」を家庭で育てる方法についてお話ししましょう。まず最初にご紹介する方法は、「シミュレーションタイム」の導入です。

シミュレーションとは「何かを予測・設計・計画するために、あるモデルを作成し、それを使って観測したり実験したりすること」です。第2章でもお話しした通り、分析的判断スキルには『情報分析スキル』と『批判的判断スキル』の二つの要素がありますが、この「情報分析」と「批判的判断」の双方を一緒にできるのが、シミュレーションなのです。

取り上げるのは、子どもの勉強・未来設計・スポーツなどの身近な活動がいいでしょう。そうした活動計画をいくつか立てて、どこをどう変えたら結果が将来どう変わるかを予測する「遊び」を、親子で行うのです。

例えばピアノを習っている子どもが半年後に、毎年恒例のピアノコンクールを控えているとしましょう。ここ数年はなかなか満足した演奏ができていなかったとします。

このような状況下のシミュレーションタイムでは、このようなやりとりが行われるかもしれません。まず子どもに、前回はどうして満足な演奏ができなかったのか聞き（＝情報分析）、それをリストにして具体的なことがらを書き出します。そしてその反省から、今回はどのような対策をするかを一緒に考えていきます。この時、できるだけたくさんの方法を考えるのが重要です。間違っても親が、「こうしなさい」などと指示を出さないように気をつけてください。

その後、複数出た方法について、例えば毎日ピアノの練習時間を増やすと、勉強や遊びの時間がなくなる、夜、寝る時間が遅くなる…などメリットとリスクを探し出していきます。そしてそれらを比較検討して、具体的行動計画を立案するのです（＝批判的判断）。

このプロセスの中には、ご覧のように「情報分析」と「批判的判断」の双方の訓練が含まれています。こうしてシミュレーションを重ねることで、自然と『分析的判断スキル』は向上します。大切なのは、「遊び感覚」で楽しむこと。決してこの機会を「子どもへの尋問時間」にしないよう、くれぐれも注意してくださいね。

「問題&学び探しノート」のススメ

『分析的判断スキル』の育成のために、シミュレーションタイムの導入以外にオススメしたいもうひとつの方法が、日常生活の中で見つけた問題点や学び（気づき）について記録する「問題&学び探しノート」の作成という習慣です。

これは以前に親向けの習慣としてご紹介した「子ども観察メモ」と類似のアイディアですが、こちらは子どもが自分で見つけたことについて記録するノートになります。

今の子どもたちはスマホやタブレットを持っている子も多いと思うので、アプリなどをうまく使っていくといいでしょう。Evernoteなどの無料アプリは、特にお勧めです。

どんなことを書こうかとあまり気負うことなく、自分が気になったニュース記事のホームページを貼り付けたり、新聞や雑誌の記事の写真を撮って貼ったりするのもいいでしょう。また学習の中で疑問に思ったこと、不思議に思ったことも、理由を付して記録していきます。

大切なのは、自分が疑問に思ったこと、なるほどと思ったことなどを、どんどんノートに残していき、その後時間があるときに見直して、興味が湧くものからリサーチするきっかけを作るということです。リサーチは誰かに聞いてもいいでしょうし、ネットで調べたり、本を読んだりして検証してもいいでしょう。完璧を目指さなくて構いません。できる範囲で数をこなすことから始めてみるといいでしょう。

親はそのノート作りをサポートし、継続できるように励ましていくことにフォーカスしましょう。内容についてあれこれ口を出すと、子どものやる気を削ぐことになりますので、過干渉は控えるようにしたいものです。その代わり、子どもがどんなことに興味を持ち、どんなことを調べたのかを、純粋な好奇心から尋ねるようにしてみましょう。そしてさりげなく子どものリサーチ方法が複数ソースからの検証になっているかをチェックし、同時に情報源の信憑性にも目を配ってあげるようにしてください。

ここでもし子どものリサーチが偏ったものであるときは、それを非難するのではなく、あえて違う情報を伝えて、子どもに異なった視点があることを気づかせるといいでしょう。そうした気づきを積み重ねる中で、「情報分析」力と「批判的判断」力が育ち、『分析的判断スキル』は向上していくはずです。

29 『テクノロジーリテラシースキル』育成メソッド

テクノロジーとの距離を教える

続いては「デジタルネイティブ」の子どもたちに必須のスキル、『テクノロジーリテラシースキル』の家庭での育て方です。ポイントとなる視点は、『距離感』と『仕組み』、そして『活用法』の3点でしたね。まずは「距離感」についての話から始めましょう。

距離感をつかむには、親子でテクノロジーのリスクとメリットを一緒に話すことから始めましょう。ここでも『自己肯定スキル』の育て方でお話しした「親の経験談を話す」ことを是非試してみて下さい。親自身がテクノロジーを使っていく中で便利だと感じたことはもちろん、なかなかやめられなくなってしまったことや視力が落ちてしまったこと、メールがハッキングされて友達に怪しいメールが配信されてしまったことなどの失敗談も伝えていきましょう。その上で、親子で一緒に、さまざまな新しいテクノロジーを使い、子ども自身がテクノロジーのメリットとリスクを体で覚えるようにするのです。

2つ目の「仕組み」については、プログラミングの学習がオススメです。日本でもプログラミング教育が小学校から必修科目になりますね。これからの時代を考えると、すばらしい傾向だと思います。テクノロジーはすでにその是非を問う時代ではありません。これからはどのような方向に進んでもテクノロジーなしの生活はあり得ませんので、付き合い方・使い方を学ぶことは極めて大事です。

プログラミング学習については、すでに優れた無料のアプリがたくさんありますので、親子で楽しみながら取り組んでいくといいでしょう。また、文部科学省が無料で提供しているプログラミング学習サイト「プログラミン」もとてもオススメです。さまざまなアクティビティを通して、プログラムの技術がステップバイステップで身につけられるように設計されており、遊び感覚で取り組むだけでぐんぐん上達するでしょう。

こうした活動は、親がまず率先して楽しむことが大切です。勉強という感覚にならないよう、「遊び」の雰囲気を大切にして取り組んでみてください。3つ目のポイントである『活用法』については、次の項で詳しくお話しします。

テクノロジーの活用法は2つの「創造」

デジタルネイティブの現代の子どもたちは、テクノロジー自体を使う能力はすでに十分高いものになっています。しかし残念ながらその活用法は、まだまだ受け身で、テクノロジーを使っているというより、テクノロジーに使われている感が高いといわざるを得ません。

ここで一例を挙げてみましょう。最近の内閣府の調査によると、スマホの普及率は小学生で約30％、中学生で約50％、高校生に至っては実に95％に達しています。しかし一方でその用途を見ると、Youtubeなど動画視聴が小学生で約65％、中学生で約75％、高校生で85％となっており、まさに受け身の利用が多いことが伺えます。

テクノロジーの使い方には創造と消費の2つがあり、テクノロジーリテラシースキルを高めるには、創造に活用することが重要だと話しましたが、現状では、残念ながらほとんどの子どもたちはテクノロジーを消費に使用しています。

そこで是非親として意識して頂きたいのが、2つの「創造」、すなわち「作品の創造」と「コネクション＝コミュニティの創造」です。以下、順に説明しましょう。

まずは「作品の創造」です。これはイメージしやすいと思いますが、テクノロジーを使って何かを作り上げることです。まずお勧めなのは、動画によるプレゼンテーション作成です。何かテーマを決めて、親子で取り組んでみましょう。私は指導の中で、自分の街の紹介や、自分の好きなものの紹介から始めています。紹介する場所や物の写真を撮り、内容を調べ、編集で音楽やナレーションを入れていきます。わずか1分程度の動画作成でも、結構さまざまなテクノロジーを使用することになり、とても楽しく学べます。

またプログラミングを通して、絵を描いたりそれを動かしたりしてアニメを作成する活動も楽しいでしょう。先にお話した、文部科学省が提供している「プログラミン」という無料サービスを使えば、とても気軽にそして楽しくプログラミングを学んでいけます。プログラミングはデジタルリテラシースキルを育てるだけでなく、作品制作の過程で創造力や論理的思考力も伸びる、とても素晴らしい学習です。デジタルアートを描く感覚で気軽に取り組んでみるといいでしょう。

その意味で、私は子どもにゲーム機を与える代わりにタブレットを与えることをお勧めしています。ほぼ同じ値段で購入できますし、キーボードも一緒に購入すれば、ちょっとしたパソコンがわりにも使えますので、学習にも役立ちます。

もうひとつの「創造」は、「コネクション＝コミュニティの創造」です。子ども達は普段、リアル世界でのコミュニティには属していますが、ここでいうコミュニティはオンライン上のもののこと。一番わかりやすいのが、「ソーシャルメディア＝ＳＮＳ」によるつながりです。こちらもまず親子で、ＳＮＳを通じたコミュニティづくりをしていきます。子どもが好きなこと、興味があることから始めていくといいでしょう。どこから初めていいかわからないときは、先ほどご紹介した「動画プレゼンテーション」をアップする、

Youtubeチャンネルの作成から始めるのもお勧めです。Youtubeというと眉をひそめるかもしれませんが、今回は「見る」ではなく「造る」ことがポイント。それも目的は「デジタル学習」と「コミュニティ作り」です。創造的使用であれば、世界中に自分の思いや考えを伝える手段としてYoutubeは素晴らしい教材だと私は考えています。

いうまでもなく、今やSNSから始まるコミュニティの拡大の勢いは目を見張るものがあり、使い方によってはさまざまな社会貢献活動にもなり、SNSはテクノロジーとネットの使い方を学ぶことのできる最高の教材とも言えます。また、SNSを使ったコミュニティづくりが、今後やってくる100年ライフにおいて、大きな役割を担うと私は考えています。

30 『自己表現スキル』育成メソッド

子どもの話をしっかり「聴く」

さて、ここからは、『自己表現スキル』を家庭で伸ばす方法についてお話しします。ひとつ目のアドバイスは、「子どもの話をしっかり聴く」ということです。

そんなこと当たり前だと思われるかもしれませんが、子どもの話を「聞いて」はいても、しっかり「聴けて」いることは案外少ないものです。忙しかったり、子どもの言っていることが分からなかったりすると、つい聞き流してしまう経験はないでしょうか。子どもが話している途中で「要するに○○ってことね？」と代弁しているシーンは、今もそこかしこで見られます。

子どもが『自己表現スキル』を伸ばすには、誰かに「興味を持って、見聞きしてもらえる」という経験が必要です。その最初の一人に、まず親自身がならなければなりません。具体的にすべきことは、「先回りして言わない」「確認しながら聞く」「どうしても言っていることが分からないときは、簡単にまとめて続きを促す」の3つです。この「子どもの話をしっかり聴く」ことが出来た上で、次のステップに進みましょう。

第2のアドバイスは、自分の望みを説明させてみるということです。ここで大切なことは、表現方法を「言葉によるもの」に限定しないという点です。先ほどご紹介した「動画」でもいいですし、絵や作品、劇でもいいかもしれません。まずはどんな表現法があるか、子どもにとって最適な表現は何かについて、一緒に探してみることから始めてみて下さい。

「説明ゲーム」にするのも面白いですね。まずは身の回りのものを話題にして、その内容を「できるだけわかりやすく」「端的に」説明してみましょう。習い事でやった練習内容や、遠足に行った時の出来事、前日の塾や学校の様子など、話題はどんなものでも構いません。海外の試験問題では、まさにこのパターンがそのまま出題されることもあります。例えば、「理科室で起こりうる事故や問題の具体例を書きなさい」などです。「説明ゲーム」はそのままプレゼンテーションスキルの練習にもなりますので、ぜひ親子で試してみてください。

家庭内企画会とパンフレット作りで遊ぼう

前の項でプレゼンのお話をしたので、ここではもう少しその応用をお伝えしましょう。それはファミリーイベントの企画会＝ミニプレゼンのご紹介です。

企画会というと固く聞こえるかもしれませんが、要するに家族のイベントを計画して、家族の前で発表するということです。もし車や家を買うなどの大きな計画がある時は、親が候補としてあげているものの詳細を子どもに伝えて、子どもにそれらを分析し、メリット・デメリットをまとめて発表してもらうのです。ここで注意してほしいのは、内容の詳細についてあまりこだわりすぎないこと。ポイントとなるのはあくまで、「表現力」。内容より、いかに上手に伝えているかにフォーカスしてみてあげましょう。

旅行の予定を立てるのもいいですね。日程と予算、その他の要望を伝えて、その内容にあった旅程を提案してもらいましょう。観光案内のビデオなどを参考に見せて、あとは子ども自身にどうその旅行をアピールするかを考えてもらうといいでしょう。ここでもポイントとするのは、「聞き手がその行き先に魅力を感じる伝え方」ができているか。たどたどしい説明でも、絵や写真、説明書きや音楽等を駆使して、魅力的なアピールになるような工夫を親子で考えるようにしましょう。

この時、是非心がけて欲しいのが、テクノロジーを駆使したプレゼンにするということです。パワーポイントやgoogle slides、Key noteといった主要なプレゼンテーションソフトの使用方法もこの時一緒に学べれば、テクノロジーリテラシースキルも伸ばせて一石二鳥ですね。

これは子ども自身が欲しいものやしたいことを、親にアピールする手段としても使えます。私は自分の子どもたちに、一定以上の予算でかつ今すぐ必要ではないものを欲しい時は、このミニプレゼン方式で私に交渉するように伝えています。彼女たちは学校でこうしたテクノロジーを使用したプレゼンを行っているので、スライドや絵などを使って効果的にアピールしています。

自分の街や日本の観光案内、新車のセールスパンフレットなどをパソコンで作ってみるのもいいですね。自分が観光課のスタッフや自動車のセールスマンになったつもりで取り組んでみると楽しいと思います。そうすることで、ありきたりに感じていた身の回りの社会を別の視点から見るきっかけにもなり、多角的な発想も持てるようになるでしょう。

31 『グローバルコミュニケーションスキル』育成メソッド

可能な範囲で海外を経験させる

7つの未来型スキルの家庭での育て方も、この「グローバルコミュニケーションスキル」の育て方でいよいよ最後になります。そしてこのスキルは他の6つのスキルの習得を前提とした上で初めて真に身につくスキルであり、「語学力」「交渉力」「受容力」の3要素で構成されていることを、ここでもう一度確認しておきましょう。

さてそのひとつ目である「語学力」ですが、こちらはとにかく使って向上させることが一番です。手軽なところではまず、スマホのアプリを積極活用しましょう。無料のものでも素晴らしいものはたくさんありますが、わずかな料金を支払えば、より多機能なものの選択できます。例えば数百円で使用できるものなら、「Real英会話」というアプリがあります。小学生でも使えるさまざまな表現がたくさんあり、例文と発音機能もあるので、とても便利です。

また英会話では是非、日本人バイリンガル講師を上手く使いましょう。特に日本語を母国語としながら海外で生まれ育った日本人講師は、全く英語がわからない時期の子どもには最適です。小学生なら、英語のアニメもオススメできます。この時ポイントになるのは、日本語字幕なしで見せること。まだ小さい子なら、興味を持って繰り返し見ているだけで、十分に英語を吸収できます。

さらに、普段から身近に外国人を感じる環境を作ることにも挑戦してみてください。いちばんのオススメは、外国人留学生のホームスティ受け入れです。子どもと同じくらいの歳の生徒が理想ですが、離れていても大丈夫です。留学生には親はしっかり日本語で接して色々なことも教えるから、子どもにだけは母国語で話してほしいとお願いしてみましょう。私も海外に出る前にアメリカ人の大学生のホームスティを受け入れていましたが、一緒に英語のビデオを見たり、英語の絵本を読んでもらったりしていく中で、子どもの語学力はもちろん、外国人に対する意識も大きく変わりました。最近は日本国内でも外国人を街で見かける機会は増えてきましたが、まだ「外人」という感覚は強く、親近感がわくことは多くはないのではないでしょうか。そうした意識を払拭するためにも、ホームスティはとても効果があります。こうしたホームスティの受け入れは、留学生が多い高校や大学のウェブサイトで見つけることができますので、一度ご覧になってみてはいかがでしょうか。また、子どもが通っている学校が交換留学生を受け入れているなら、ぜひホストファミリーになることを体験してみることをお勧めします。

私立中学校を中心に、最近、英語教育に力を入れる学校がますます多くなっていますが、効果的なカリキュラムとは言えない学校も散見されます。ご存知の通り中学受験には通塾や家庭教師などで多額の学費が必要となり、その後3年間の通学も合わせるとその費用は数百万円にのぼります。そこで中途半端な英語教育をする私立に行かせるくらいなら、いっそ中学受験はやめて公立中学に進学し、中学在学中に留学をするという選択をする方も増えてきました。費用的にはほとんど変わらず、海外での集中的な学習により、語学力とタフネスを身につけられると考えているのです。こうした選択は今後、多様化する社会の中で、新しいオプションとして広がるでしょう。受験という選択だけにこだわることなく、柔軟な選択を心がけることで、効率的に語学を伸ばしていきたいものです。

私はグローバルAI時代を生きる子どもたちには、海外を自分の目で見ることが必須の経験になると思っています。できることなら義務教育中に、公費で全生徒に、一度は海外で学ぶ機会を与えるべきだとさえ考えています。なぜなら海外を経験することで確実に、日本を内と外から客観的に見ることができ、「2つの視点」を持てるようになるからです。それは語学力を伸ばせるといった結果よりも、はるかに重要なものだと思うのです。なぜならこの「2つの視点」は子どもの中に常に「比較」という軸を生み出し、その軸は広がりのある柔軟な思考を可能にしてくれるからです。

また、海外に行くことは、次の項で掘り下げてお話しする「交渉力」と「受容力」を身につける最短の方法です。なぜなら一定期間、異なる文化と価値観の中で、異なる言語を使って生活する中で育つ、自分の主張をしっかり交えて話し合い、また異なる価値観を受け入れる力こそ、「交渉力」と「受容力」そのものだからです。その意味でも、どのような形でもいいので、可能な限り子どもに海外を経験させてあげてほしいと思っています。

社会参加の機会を作る

さて、ここからは、『グローバルコミュニケーションスキル』の残りの2要素である「交渉力」「受容力」の、家庭での育て方について説明しましょう。

まずは積極的な国際交流をお勧めします。「国際交流」と聞くとなんだか大げさなことに思われがちですが、国際交流は意外と身近で気軽にできるものなのです。

例えば各都道府県には「国際交流協会」が設置されており、毎月さまざまな国際交流イベントが開催されています。まずはこうしたイベントに参加し、外国人の方とさまざまな話をすることから始めてみましょう。イベントに参加する外国人の中には日本語が話せる方もいますし、通訳もいることが多いので、どんどん交流をしてみることをお勧めします。

また、外国人の方と一緒に行うボランティア活動に参加するという方法もあります。最近は日本に来た旅行者のサポートをするボランティア活動も増えており、ウェブサイトで検索すればたくさん見つかります。一定年齢以上の子どもであれば、単身で参加できるものも見つかりますので、まずは親子で楽しみながら探してみるといいでしょう。

少し話がそれますが、私の国でもボランティア活動は盛んで、実際に行ってみると親子の参加も少なくありません。元々多様性に満ちた社会なので、ボランティア活動の場はいつも「多国籍の交際交流の場」にもなり、そこで出会った人々と活動後にランチを食べに行ったり、子ども同士はＳＮＳで繋がって一緒に遊ぶ約束をしたりと、繋がりの輪が大きく広がります。

一般にボランティア活動に参加する人々は、他者や社会の役に立ちたいと思っている方が多いので、彼らから学ぶこともとても多いものです。また、ボランティア活動に反対する人々と出くわすこともあり、そうした人々との交渉も経験することができ、子ども達にも貴重な体験になります。

「交渉力」と「受容力」は、少しでも多くの「異なる価値観を持つ人との交流」の中でしか育てられません。そしてそのためにはまず、そうした環境を見つけ、参加していくことです。ユネスコのような地球規模のボランティアも含め、ぜひさまざまなボランティア活動の場を親子で積極的に利用して、「交渉力」と「受容力」を育てていきましょう。

32 こんな失敗に要注意！

「知ってる！」病

ここまでで、7つの未来型スキルをどうやって家庭で育てればいいかについてのヒントをお話ししてきました。いかがでしたか。なんだかたくさんあって難しそうとお感じになった方もいらっしゃるかもしれませんが、全部完璧にする必要などないのです。できることから実践に移していくだけでも、確実に子どものスキルは伸びていくものです。

ただ、せっかく実行するという「プラスのアクション」を行なっていっても、すべきでない「マイナスのアクション」が多くては、スキルは育ちにくくなります。マイナスのアクションのひとつ目は、「知ってる！」が口癖の子どもにしないということです。

これまで指導してきた中でも、「知ってる！」が口癖の子がたくさんいました。が、そのほとんどは実際には、思考力・説明能力・解答能力・実行力ともに非常に乏しい生徒でした。つまり単に「知っている」だけで、実際には何も理解していない状態の知識をたくさん持っているだけなのです。これは今後の受験で最も苦戦するタイプの子どもと言っても過言ではありません。

そこでお勧めなのは、実際に説明してもらうことです。もしお子さんが「それ知ってる！」と言ったら、是非そのことについて具体的に説明したり、実際にやってみたりしてみましょう。例えば「織田信長」について「知っている！」なら、彼がどんな人なのかを説明させてみましょう。「知ってる！」を連発する子のほとんどは、そのことについてわずかの知識しか持っていません。ひどい場合には、名前を聞いたことがあるだけのことも…。そこで、説明できないときは、一緒に調べてみるといいでしょう。子どもに「知っている」ことと「できる」ことは違うということに気づかせてあげましょう。

繰り返しになりますが、知っていること＝知識を増やすだけでは、「知識の活用力」を求められるこれからの受験には通用しません。実際に難関校の一部はすでに、知識量ではなくその応用力を見ており、これからは他の学校にも波及しますので、注意して下さい。

「ググり」病

先ほど、「知っていること」を説明できない時は調べるとお話ししましたが、その方法について、一点補足したいと思います。というのも最近の生徒を見ていると、分からなければすぐグーグルで調べて（ググって）答えを探す傾向が強いと感じているからです。

確かに「ググる」ことは、とても便利でかつ簡単な解答発見ツールです。しかしすぐ「ググっ」たり、先生に聞いたりするパターン学習ばかりしていると、「じっくり考える力」が失われる恐れもあります。また知識ばかり先行して入れすぎると、それを考えたり実際に使ったりする機会が失われ易くなり、ミスをしたくない・正しく答えたいという意識が過剰になる可能性もあるのです。

これから必要となる「知識の活用力」を育てるには、「考える力」が不可欠なのは誰もが肯定することでしょう。しかしその「考える力」を育てるためには、「知識」が邪魔になることもあるということは、意外に見落とされているのではないでしょうか。

これは小論文の指導をしている時、いつも痛感させられることです。従来の小論文の対策といえば、塾で講師がさまざまなテーマについて掘り下げて説明し、それについての問題を解いたり、過去問題で演習を重ねたりしてきました。こうした学習では一見、社会に対するさまざまな問題意識が芽生えているように錯覚しがちですが、実際には講師のアドバイス通りにパターン演習をするだけで、でき上がってくる答案も多少の差はあるものの、本質はほとんど変わり映えのない「金太郎飴」のようなものがほとんどです。また一番私が危惧するのは、習っていないテーマが出たらお手上げになる生徒がほとんどという点です。これは「知識」がなければ「考えられない」典型パターンと言えるでしょう。

しかし今後「正解のない問題」が増えていく受験では、このパターンの生徒は太刀打ちできなくなっていきます。「知らないからできない」が通用しなくなるこれからの入試では、持っている「知識」を使ってなんとか考えていくスキルが必要なのです。

それを可能にするのが、海外では小学生から学んでいく、「仮説→検証→結論」のプロセスの習得です。知識がなくても「もし〜なら…ではないか」と考え、その上で「ググる」ようにしていくといいでしょう。こうすることで検索に主体性が出るだけでなく、検索結果について検討する視点も持てるようになります。

33

未来の選択肢を広げるために親ができること

まずは親子関係の構築から

最後に、「未来の選択肢を広げるために親ができること」についていくつかお話します。それは「親子関係の構築」「自立した子どもに育てる」「夢＝目標探し」の3つです。

まずは「親子関係の構築」から。言うまでもないことですが、子どもの教育は家庭から始まります。そしてその家庭教育は、親子の信頼関係がベースとなります。どんなに外でいい教育を与えても、親子関係がギクシャクしているとうまく機能しないことが多いもの。それは私の25年にわたる指導経験でも、嫌という程目の当たりにしてきたことです。

学校や塾といった教育機関は、子どもにとってはいわば「挑戦」の場。どうしても他の生徒と比較しますし、生徒間で競争が生まれることも事実。そしてその中で子どもたちは、将来、社会という荒波の中でも生き抜ける強さを身につけていくのです。

そんな子どもたちにとって家庭はいわば、疲れた羽を休める「癒しの場」であり、次なる挑戦に備えて力を蓄える「回復の場」でもあります。言い換えれば子ども達は、家庭内でゆっくり休んで英気を養えるからこそ、外で新しい挑戦ができるといってもいいでしょう。

にもかかわらず私たち親はついその視点を忘れ、家庭内まで「がんばりの場」「挑戦の場」に変えてしまってはいないでしょうか。成績について問い詰め、学習量ややり方に問題があると責め立て、もっとしっかりやるように小言を言ってしまう…。良かれと思ってやっていることでも、それは子どもの「休息と回復」の機会を奪い、次の挑戦に向かうエネルギーまで奪ってはいないでしょうか。そしてそれはやがて親子関係そのものにまで亀裂を生み、その関係を悪化させてしまって、教育効果そのものまで悪化させていくでしょう。

だからこそ親はまず、子どもを見守り、挑戦をサポートすることから始めましょう。それは決して子どもの好きにさせ、甘やかすことではありません。ある時は壁となって厳しい愛を示し、ある時は包み込むように受け止める。一言で言えば、「愛のある厳しさ」を態度で示し、父性と母性のバランスを保って接することが大切なのです。ぜひこの点は、しっかり心に留めておいてください。

「自立した子ども」に育てるために

次に、「自立した子どもに育てる」についてです。未来の選択肢を広げるためにはまず、しっかりとしたセルフマネージメントスキルを身につける必要があります。

セルフマネージメント力は、３つの要素で構成されています。それは「自己肯定」「自律的」「自立的」です。「自己肯定」とはすでにお話しした通り、ブレない自分軸を持ち、変化の激しい未来でも自分らしく自分の道を歩いていくために必要なもの。「自律的」は感情に流されずに理性的な行動を取るために必要で、自分の感情を見つめ、正しく表現できることは、とても大切なスキルでもあります。そして「自己肯定的」で「自律的」になって初めて、子どもは自立的な行動が取れるようになるのです。

私はまず子ども自身が「自立力＝自分を客観的に見つめ、自分のことは自分で適正に管理できる力」を育てることが重要だと思っています。そしてその自立力を身につけると、学力も自ずと伸びていきます。

当たり前のことですが、受験勉強は長期間に渡るので、その間にさまざまなことが起こります。学習に行き詰まって自分の力が信じられなくなったり、将来のことがどうでもよく感じたり、あるいは学習とは無関係な友達関係で悩んでしまうこともあるかもしれません。その度に心の中にはさまざまな感情が浮かんできて、その感情が学習意欲に大きく影響します。そうした時、自立力が育っている子どもは自分の感情を上手にコントロールし、心を大きく乱すことなく学習に打ち込めます。兄弟や友人などからの誘惑に安易に流されることも少なくなり、淡々と取り組んでいくこともでき、波のない安定した学習姿勢が、学力を確実に押し上げていくのです。そしてひいてはそれが、社会に出てからも自分らしく生きるための確かな礎にもなるでしょう。

また、時間管理・整理整頓といった事務処理能力も、さまざまな活動の土台となる力です。同時に育てていくようにしたいものです。限られた時間の中で、より効率的かつ正確に物事を処理する力は、どんな仕事についても必須の能力であることは言うまでもないことでしょう。

教育熱心になればなるほど、つい子どもの「学力」面だけに目が行きがちですが、こうした内面的な「自立力」や「事務処理能力」の向上にもしっかり目を配り、未来の選択肢を広げるサポートをしていくように心がけていきたいものですね。

親子で一緒に未来の夢を

最後に、「夢＝目標探し」についてお話して、この章の幕を下ろしたいと思います。

これからの時代は、進路決定の選択そのものが、「夢や目標」であることを前提にするようになっていくと私は考えています。「いい大学に入って、いい会社を探す」のではなく、「自分の夢を実現するための手段として大学を選ぶ」時代になる。それはある意味、やっとあるべき姿に戻ったとも言えるでしょう。

そうした時代を生きるには、早くから夢や目標を意識することが大切です。だからこそまず親がすべきことは、目標を探すサポートをすることだと思います。

では具体的にどのようなステップを踏めばいいのでしょうか。ここでは親による「夢や目標設定のサポートの仕方」について概説していきましょう。

まずお勧めなのは、子どもが自覚していない「好き」や「才能」を記録しておくことです。特に子どもが幼児期から小学生頃までのものは、できるだけ詳細に残しておきましょう。どんなことに興味を持ったか。何をよくしていたか。どんなものを集めていたか。どんなものを欲しがり、どこに行きたがったかなど、気がついたものはどんどんメモしておきましょう。これは「観察ノート」の中に一緒に記載してもいいですし、分けても構いません。

子どもが興味を持つものは、気がすむまでさせてあげるようにしてあげましょう。特に小さいうちは、その分で学習時間が減っても気にすることはありません。小学生低学年くらいまでは、「遊びこそ勉強」くらいの気持ちで接したほうがいいと私は思っています。実際にこの時期に塾や幼児教育で長い時間を過ごし、十分な遊び時間を確保できなかった子どもたちの多くは、思考に柔軟性がなく、高学年で失速を始めることが多かったものです。

そうならないためにも、「好きなことで熱中して遊ぶ経験」を大切にしましょう。

ただしここで一点だけ注意点があります。それはここでいう遊びが「能動的な遊び」であることです。つまり「ゲーム」や「動画」といった「やらされる遊び」では意味がありません。自分から働きかける遊びを大切にしましょう。どうしても「受け身の遊び」しかしないなら、親自身も一緒に参加して、子ども一人の遊びにならないようにしましょう。親も一緒に行うことで会話が生まれ、そこで子どもに考えさせることも可能です。ゲームの内容をこう変えたほうがいいとか、動画のストーリーについてこう思うなどと話せれば、そこには「能動的活動」が加わります。何事も工夫次第ですね。

次はその「好き」や「得意」を活かせる仕事を探してみましょう。子どもと一緒に探せるのが一番ですが、子どもが小さかったり興味を示さない場合は、親がイニシアチブを取るのもいいでしょう。もちろん子どもの意思を無視した押し付けをしないことは言うまでもありません。

お勧めしたいのは、職業紹介の本などを一緒に見たりして、子どもが何に興味を持つか、見てみることです。そしてもし何か見つかったら、その分野で「一流の人」の仕事を実際に見せてあげましょう。この「一流の人」を「実際に見せる」という部分が、重要です。一流の仕事は子どもに強い憧れを抱かせますし、実際に見せることで明確なイメージ作りができるからです。最初に子どもの中に「はっきりした目標の理想像」が作れれば、それが子どもを導く羅針盤になってくれるでしょう。もしどうしても実際に見せられない場合は、ドキュメンタリー番組や映画でも代替は可能です。

そしてその仕事を子どもが目標として掲げられたら、次はその仕事に就くためのルートを一緒に探しましょう。そこにはもちろん、進路設定や大学選択も入ります。目標に届くためには具体的にどんなスキルと経験がどのくらい必要なのか、そのスキルを手に入れるために必要な学習は何か、その学習はどこで学べるのか、その中でどこが一番自分に向いているか。このようにブレイクダウンしていくことで、進むべき進路が見えてくるはずです。

繰り返しになりますがこれからは、自分の夢や目標を明確にして大学を選ぶことが、「入試レベル」で求められる時代になります。これまでもこうした「夢や目標探し」は推奨されてきましたが、これからはそれが必須になることをまず親自身が知り、子どもをしっかり導いていくことが大切です。

夢や目標を見つけることが難しいのは、誰もが理解していることです。だからこそ子どもができるだけ小さいうちから、「好きなこと」「得意なこと」をしっかり自覚できるように、夢や目標を見つけるサポートをすることこそ、これから親が果たすべき大切な役割だと私は考えています。

才能は誰にでも、確かに存在します。しかしそれを自覚しなければ、いつまでも埋もれたままです。それを発掘する仕事をするのが親だと思うと、なんだかドキドキしてきませんか？　そしてその才能を開花させるのは努力です。我が子の才能をしっかり掘り起こし、夢に向かって正しい努力を伝えられる親でありたいものですね。

終わりに

①21世紀は「個性」の時代〜ビッグチャンスの到来

この本もいよいよ最後の章になりました。ここでは最後にどうしてもお伝えしたいことを二つだけ述べて、筆を置きたいと思います。それは「個性の時代が到来している」ことと「実践の大切さ」です。

グローバル化とテクノロジーの進化がもたらす未来は、まだ不透明です。これからどんな方向に進んでいくかは、今、誰も正確には予測できないでしょう。

ただこの二つの変化が世界を急速に小さくし、かつ多様化させていることはお分かりのことと思います。その結果、「みんな同じが一番」から、「一人一人違うから素晴らしい」に価値観が変化しています。それは大学入試や教育改革の中身からも、はっきり見て取れることでしょう。「正解のない問い」や「知識の活用力」を正面から問う試験制度はまさに、正解のない問題に対し、「個人」として「何ができるか」「どう立ち向かっていくか」

という自発的なスキルを求めています。

このような入試の変化は、その先にある社会からの要請でもあります。これからの時代はますます、肩書きや学歴ではなく「その人らしさ」が重要になってくるでしょう。そしてその人らしさの中には、「何ができる人か」も含まれるのです。

それは就職時に「どの大学を出たか」ではなく「大学で何を学んできたか」が問われることであり、また転職時には「どの会社にいたか」ではなく「前の会社で何をしていて、今何ができるか」を問われることを意味します。

このような「スキル重視」「経験重視」の時代に船出する子ども達には、目的なくみんなと同じように「偏差値の高い大学」を目指す教育ではなく、その子自身の「個性を育てる教育」が必要になることは間違いないでしょう。そしてその変化は、2020年の教育改革を目前にして、すでに始まっているのです。

ただ、この「個性を育てる教育」は、「みんな同じ教育」よりも、大人にとってははるかに大変です。「みんな同じ教育」ならば、目標もそこまでの位置も偏差値が教えてくれました。また、「自分がどう生きるか」という重い問いに、小さい時から向き合う必要もありませんでした。しかし、これから求められる「個性を育てる教育」では、子ども一人一人の興味や才能に大人が気づき、それを伸ばすことが要求されます。そしてそれが正解かどうかの答えはどこにもありません。私たち大人が、ケースバイケースで子どもに寄り添いながら導いていくしかないのです。

誰にでもできるようなことを育てる教育で身につけたスキルは、今後、順次ＡＩにその役割を譲っていく時代になるでしょう。だからこそキラリと光る、その子だけの能力や個性を生かしていくことこそが、その子が今後活躍できる道に進むことができる鍵を握っています。つまり、自分の好きを極め、いくつかのスペシャリティを持つ人材こそが、これからの時代には求められるのです。

確かに今はまだ先が見えず、たくさんの不安を感じることもあるかもしれません。しかし心配はいりません。大切なことは「子どもを見つめ」、「子どもと寄り添いながら」、私たち親自身が率先して子どもに７つの未来型スキルを授けていくこと。そしてそのためにまず、私たちが時代の変化を受け入れ、新しい教育を受け入れていくことが必要です。これまで慣れ親しんできた価値観を勇気を持って手放し、新しい変化を受け入れる「パラダイムシフト」ができたその時、必ず未来に輝く子どもの姿を見出せると私は信じています。

個性の大切さはこれまでも、教育の世界で繰り返し強調されてきました。しかし、実際にはその個性を活かす「教育システム」が整備されず、結果として絵に描いた餅のままだった側面もあったことは、多くの方が気づいていらっしゃることと思います。

今私たちは、その「教育システム」そのものが個性を伸ばせるものに変化する時代に生きています。そしてそれはとりもなおさず、子ども一人ひとりの持って生まれた才能を活かせるチャンスが、これまでにはないほど広く開かれたことを意味しています。

これからは、これまでのように皆が同じ方向を向き「偏差値の高い子」ばかりにチャンスが与えられがちだった社会から、子ども自身の能力に応じてチャンスが与えられる社会へと変化していくと私は考えています。そう考えるとこの教育改革は、かつてないほどのビッグチャンスであることに気づくことができます。

あとは私たち親がそのチャンスに気づき、チャンスを手にするスキルを子供達に与えていくだけです。今まさに私たちの目の前にやってきている、チャンスの女神の前髪をしっかりつかめるよう、親子で7つのスキルを伸ばしていっていただければと思います。

②知っているだけでは意味がない～情報通になるよりも、まずは実践を

「実践の大切さ」。それはきっと誰もが「耳が痛い」話であることでしょう。これは私自身も含め、自戒を込めてお話することでもあります。

現代は「情報洪水の時代」です。ありとあらゆる情報が、身の回りに文字どおり「溢れて」います。その情報の中で、どれを選ぶべきか途方にくれることも多いでしょう。

そしてそうした情報洪水にさらされると、人はつい「情報通」になっていく傾向があります。ある情報を聞いて「なるほど」と納得しても、それを実践する前にまた違う情報に接し、そこでも納得する。こんなことを繰り返した経験はないでしょうか。

私は教育に「正解」はないと思っています。仮に世界最高の教育と言われるものが存在したとしても、それがあなたのお子さんにとって、あるいは私の子どもにとって「正解」

かといえば、それは「分からない」としか言えないのです。

何を言いたいのかといえば、そろそろ「答えのない正解探し」はやめませんか、ということです。さまざまな情報を大量に仕入れ、どんなに情報通になったところで、求める「正解」は決して見つかりません。それは探すものではなく、子どもと共に歩む中で自ら「見出す」ものなのです。そしてそのために必要なのは、果てしない情報集めではなく、「実践」です。

かつて、トップ校を目指す子どもたちに、よく掛けていた言葉があります。それは「１００の知識より、使い込まれた10の知識こそが実践で役立つ」というもの。どんなにたくさんの知識を詰め込んでも、それを使いこなせなければ無用の長物。それよりも厳選した知識を徹底的に使い込み、自在に操れるものに変えなければ、実践で何よりも役に立つ武器にはなりません。それは頂上決戦を制した生徒なら誰もが身にしみて分かっていることでしょう。

私たち親にも同じことが言えるのではないでしょうか。少しでもより良い教育を求めて、習い事を転々としたり、塾や参考書をどんどん変えたり…。そうした目的なき「情報探し」は、もうそろそろ終わりにしましょう。そしてその代わりに子ども自身をしっかり見つめ、一度納得できたものが見出せたら、次の情報に行く前に必ず徹底して「実践」してみて下さい。きっとその実践を通して、子どもをより輝かせる新しいヒントが見つかるはずです。

「それはいいって知っているんだけれど…」という口癖を手放して、「良さそうだからまずやってみよう」に意識が転換できた時、きっと新しい道は拓けます！

「情報通になるより実践を！」

この言葉をお送りして、この本を締めくくりたいと思います。

あとがき

最後までお読み下さった皆さん、本当にありがとうございました。皆さんは、きっとお子さんの幸せな未来のために、より良い教育を与えたいと願う親ごさんの一人だと思います。

約10年前、私は我が子にとっての「理想の教育」を求めて、海を渡りました。当時、上の娘は6歳、下の娘は1歳でした。

そしてその選択は、我が子たちを大きく成長させてくれました。特に上の子は日本にいた頃は人見知りが激しく、親を少し見失うだけで泣き出すような子でした。また、引っ込み思案で自分の意見が言えず、嫌なことをいつもじっと我慢して耐えるような子でした。

そんな彼女が、言葉も文化も全く違うニュージーランドに移住して、現地の学校でやっていけるか不安も少なくありませんでした。

しかし、徹底した「個性重視」の教育と一人一人のレベルに合わせた教材と学習内容が用意され、共に教えあい、話し合いながら問題を解決していく教育の中で子供たちはたくましく成長しました。引っ込み思案だった上の娘は学校のリーダーとなり、ディベートで学校代表に選ばれるまでになりました。英語も渡航3年目でニュージーランドのトップ1%レベルに達し、学校の先生のバイリンガル指導のアドバイスに従って日本語の学習も継続してくれました。おかげで12歳の時、外国人留学生が日本の大学に入学するために必要な日本語資格である、日本語能力検定試験1級に9割近いスコアで合格し、そして今では英語も日本語も自由に使いこなす完全なバイリンガルに育ってくれました。今は将来の夢である小児外科医を目指しつつ、地元の名門公立高校で、大好きな演劇やオーケストラ、コーラスに打ち込みながら、学業にも精を出しています。

下の娘も今年から中学生になりました。彼女は上の子に輪をかけて引っ込み思案でしたが、こちらも個性を重視する教育のおかげで積極的になり、学校のスピーチコンテストでファイナルまで残ったり、バスケットボールで最優秀選手賞をもらったりと、見違えるようになりました。彼女もやはり上のお姉ちゃんと同じようにバイリンガルとして育っています。また、絵を書いたり、何かを作り出したりするのが好きで、算数や理科が得意な彼女は、「科学者」になるか「建築家」になるかで悩みながら、元気に学校に通っています。

私がここであえて娘たちの成長についてお話しさせていただいたのは、これから日本にもやってくる社会と教育の変化が、あなたのお子さんにも同じチャンスを与えるであろうことを伝えたかったからです。私と子どもたちが海を渡るという「大冒険」をしてやっと得たこの教育と同じ教育を、日本にいながらにして受けられる幸運な時代が到来しているのです。今、目の前に迫っている教育改革は、意識と取り組み方次第では子どもたちの未来を劇的に変化させる可能性を秘めています。その取り組みのひとつの方法として、この本でお話しした7つのスキルをぜひ伸ばしていってほしいと思います。

最後になりましたが、この本が世に出たのは一重に、風鳴舎代表の青田恵さんのサポートがあったからです。私が伝えたい内容をうまく整理し、執筆にめげそうになった時も温かく見守り、的確なアドバイスを盛り込みながら、叱咤激励して下さいました。この場を借りて、深く御礼申し上げます。そしていつも将来の夢に向かってまっすぐに進む姿を示しながら、私を支えてくれた二人の愛する娘にも、心の底から感謝の気持ちでいっぱいです。

二〇一八年 春

山口　たく

著者の講演予定等については、
風鳴舎のホームページ
http://www.fuumeisha.co.jp
にアップされますのでご覧下さい。

お問合せはinfo@fuumeisha.co.jpまで。

著者プロフィール

山口 たく

1972年生まれ。都内大手名門進学塾やプロの家庭教師として、15年以上に渡り御三家中や最難関国公私立高校受験を指導。
その後、理想の教育を求めてニュージーランドに教育移住し、Ties. JNZ（Terra International Education Services. JNZ）を設立。これまでに国内外で教えた生徒は数千人にのぼる。現在は『望む場所で、望む仕事をしながら、世界に貢献できる喜びを実感できる未来を与えられる教育』をモットーに、日本人留学生や現地在住日本人子女に指導を行っている。また、10年近い海外子育て・教育の経験を活かし、『ニュージーランド教育&国際バカロレア受験コンサルタント』としてさまざまなメディアに出、教育相談はもちろんのこと、留学や国際バカロレア教育に関するコンサルティングを行っている。2児の父。

装丁　萩原弦一郎
制作協力　井関悦子
DTP　日経印刷株式会社

学校教育がガラッと変わるから、
親が知るべき今から始める子どもの学び

2018年4月24日　第1版第1刷発行

著　者　山口 たく

発行人　青田 恵

発行所　株式会社風鳴舎
東京都北区上十条5-25-12　〒114-0034
（tel 03-5963-5266　fax 03-5963-5267）

印刷・製本　日経印刷株式会社

・本書は著作権法上の保護を受けています。本書の一部または全部について、発行会社である株式会社風鳴舎から文書による許可を得ずに、いかなる方法においても無断で複写、複製することは禁じられています。
・本書へのお問い合わせについては上記発行所まで郵送にて承ります。
乱丁・落丁はお取り替えいたします。
©2018 Taku Yamaguchi

ISBN978-4-907537-13-5　C0037　Printed in Japan

風鳴舎《ふうめいしゃ》の本

90%は眠ったままの学力を呼び覚ます育て方

本体1,400円＋税

黒田紫 著

子どもの力は無限大。こうすれば限りなく必ず伸びます。

248ページ／四六判／1色／ISBN 978-4-88024-495-2

塾では教えてくれない中学受験 親の鉄則

本体1,500円＋税

梅津貴陽 著

合格は親の“気づき”次第。親目線のリアルな指南書。

208ページ／四六判／1色／ISBN 978-4-88024-524-9

これからの保育シリーズ①

保育士・幼稚園教諭のための保護者支援［新版］

保育ソーシャルワークで学ぶ相談支援

本体1,700円＋税

永野典詞・岸本元気 著

144ページ／B5変判／2色／ISBN 978-4-907537-00-5

これからの保育シリーズ②

認定こども園がわかる本

本体1,800円＋税

中山昌樹 著／汐見稔幸 監修

認定こども園の先端実践事例。21世紀型の子育てとは？

136ページ／B5変判／フルカラー／ISBN 978-4-88024-514-0

これからの保育シリーズ③

気になる子の本当の発達支援［新版］

本体1,700円＋税

市川奈緒子 著

ノウハウではない支援とは？

140ページ/B5変判/1色/ISBN978-4-907537-11-1

これからの保育シリーズ④

絵本から広がる学びの世界～読みあう絵本

本体2,000円＋税

樋口正春・仲本美央・読みあう活動研究会 著

絵本を通して培われる大人と子どもの相互作用が、子どもの育ちにどう関わっているのかを保育実践の現場からお伝えする本

148ページ/B5変判/4色/ISBN978-4-907537-05-0

これからの保育シリーズ⑤

好奇心が育む学びの世界

本体2,000円＋税

汐見稔幸 解説／利根川彰博 著

発見！実験！遊びの中のサイエンス。幼児教育において育みたい3つの資質・能力、深い学びのほんとのところがわかる

136ページ/B5変判/4色/ISBN978-4-907537-06-7

国際モンテッソーリ協会（AMI）公認シリーズ01

人間の傾向性とモンテッソーリ教育

普遍的な人間の特質とは何か？

本体2,000円＋税

マリオ・M・モンテッソーリ 著

AMI友の会NIPPON 訳・監修

136ページ/A5判/1色/ISBN978-4-88024-538-6

国際モンテッソーリ協会（AMI）公認シリーズ02

1946年ロンドン講義録

本体2,970円＋税

マリア・モンテッソーリ 著

アネット・ヘインズ 編／中村勇 訳

AMI友の会NIPPON 監修

モンテッソーリによる戦後初の講義33

336ページ/A5判/1色/ISBN978-4-907537-02-9

国際モンテッソーリ協会（AMI）公認シリーズ03

子どもから始まる新しい教育

本体2,000円＋税

マリア・モンテッソーリ 著

AMI友の会NIPPON 訳・監修

すべては子どもが教えてくれた

144ページ/A5判/1色/ISBN978-907537-08-1

パリのチョコレートレシピ帖

本体1,500円＋税

多田千香子 著

おうちにある道具と手に入る材料でここまでできるおもてなしショコラ

104ページ／B5判／フルカラー／ISBN 978-4-88024-489-1

パリの晴れごはん

本体1,500円＋税

多田千香子 著

もてなし、持ちより、ピクニック！　集まる日の簡単レシピ

112ページ／B5判／フルカラー／ISBN978-4-88024-517-1

チョコレートで朝食を

本体1,500円＋税

パメラ・ムーア 著／糸井恵 訳

居場所を求める女の子の心情をみずみずしく描いた物語。世界中でミリオンセラー。待望の復刻版

392ページ／四六判／1色／ISBN 978-4-88024-518-8

風鳴舎　http://www.fuumeisha.co.jp